러시아어
토르플
공식 문제집

2단계 ②

러시아어 토르플 공식 문제집
2단계 ②

초판1쇄 2016년 01월 14일
초판2쇄 2020년 11월 06일

지은이 Андрюшина Н.П., Макова М.Н.
해설 승주연

펴낸이 김선명
펴낸곳 뿌쉬낀하우스
책임편집 이은희
편집 김영실, 김성원, 박은비

주소 서울시 중구 동호로 15길 8, 리오베빌딩 3층
전화 02) 2237-9387
팩스 02) 2238-9388
홈페이지 www.pushkinhouse.co.kr

출판등록 2004년 3월1일 제2004-0004호
ISBN 978-89-92272-60-5 13790

© ЗАО «Златоуст», 2008
Настоящее издание осуществлено по лицензии, полученной от ЗАО «Златоуст»
© 2016 Pushkin House

이 책의 한국어판 저작권은 «Златоуст» 출판사와 독점 계약한 뿌쉬낀하우스에 있습니다.
저작권법에 의해 한국 내에서 보호를 받는 저작물이므로 무단 전재와 무단 복제를 금합니다.

※ 잘못된 책은 바꿔 드립니다.

※ 스마트폰을 통해 QR코드를 스캔하면 듣기·말하기 영역 MP3 파일을 바로 청취할 수 있습니다.

목차

토르플 길라잡이 _6

1부 테스트

Субтест 1.　ЛЕКСИКА. ГРАММАТИКА 어휘, 문법 영역　_11

Субтест 2.　ЧТЕНИЕ 읽기 영역　_31

Субтест 3.　АУДИРОВАНИЕ 듣기 영역　_40

Субтест 4.　ПИСЬМО 쓰기 영역　_46

Субтест 5.　ГОВОРЕНИЕ 말하기 영역　_49

2부 정답 및 문제해설

정답 _55

Субтест 1.　ЛЕКСИКА. ГРАММАТИКА 어휘, 문법 영역　_61

Субтест 2.　ЧТЕНИЕ 읽기 영역　_97

Субтест 3.　АУДИРОВАНИЕ 듣기 영역　_107

Субтест 4.　ПИСЬМО 쓰기 영역　_123

Субтест 5.　ГОВОРЕНИЕ 말하기 영역　_129

첨부: 답안지 МАТРИЦА _139

토르플 길라잡이

1. 토르플 시험이란?

토르플(TORFL)은 'Test of Russian as a Foreign Language'의 약자로 러시아 교육부 산하기관인 '러시아어 토르플 센터'에서 주관하는 외국인 대상 러시아어 능력 시험이다. 기초 단계에서 4단계까지 총 여섯 단계로 나뉘어 있으며 시험 과목은 어휘·문법, 읽기, 듣기, 쓰기, 말하기의 다섯 영역으로 구성되어 있다. 현재 토르플은 러시아 내 대학교의 입학 시험, 국내 기업체, 연구소, 언론사 등에서 신입사원 채용 시험 및 직원들의 러시아어 실력 평가를 위한 방법으로 채택되고 있다.

2. 토르플 시험 단계

토르플 시험은 기초단계, 기본단계, 1단계, 2단계, 3단계, 4단계로 나뉘어 있다.

- 기초단계 (элементарный уровень)
  일상생활에서 필요한 최소한의 러시아어 구사가 가능한 가장 기초 단계이다.

- 기본단계 (базовый уровень)
  일상생활에서 필요한 기본적인 의사 소통이 가능한 단계이다.

- 1단계 (I сертификационный уровень)
  일상생활에서의 자유로운 의사소통뿐만 아니라, 사회, 문화, 역사 등의 분야에서 러시아인과 대화가 가능한 공인단계이다. 러시아 대학에 입학하기 위해서는 1단계 인증서가 필요하며, 국내에서는 러시아어문계열 대학졸업시험이나 기업체의 채용 및 사원 평가 기준으로도 채택되고 있다.

- 2단계 (II сертификационный уровень)
  원어민과의 자유로운 대화뿐만 아니라, 문화, 예술, 자연과학, 공학 등 전문 분야에서도 충분히 의사소통이 가능한 공인단계이다. 2단계 인증서는 러시아 대학의 비어문계 학사 학위 취득을 위한 요건이며 석사 입학을 위한 자격 요건이기도 하다. 1단계와 마찬가지로 국내에서는 러시아어문계열 대학졸업시험이나 기업체의 채용 및 사원 평가 기준으로도 채택되고 있다.

- 3단계 (III сертификационный уровень)
  사회 전 분야에 걸쳐 고급 수준의 의사소통 능력을 지니고 있어 러시아어로 전문적인 활동이 가능한 공인단계이다. 러시아 대학의 비어문계열 석사와 러시아어문학부 학사 학위를 취득하기 위해서 3단계 인증서가 필요하다.

- 4단계 (IV сертификационный уровень)
  원어민에 가까운 러시아어 구사 능력을 지니고 있는 가장 높은 공인단계로, 이 단계의 인증서를

획득하면 러시아어문계열의 모든 교육과 연구 활동이 가능하다. 4단계 인증서는 러시아어문학부 석사, 비어문계열 박사, 러시아어 교육학 박사 등의 학위를 취득하기 위한 요건이다.

3. 토르플의 시험영역

토르플 시험은 어휘·문법, 읽기, 듣기, 쓰기, 말하기의 다섯 영역으로 구성되어 있다.

- 어휘·문법 영역 (ЛЕКСИКА. ГРАММАТИКА)
  객관식 필기 시험으로 어휘와 문법을 평가한다. (*사전 이용 불가)

- 읽기 영역 (ЧТЕНИЕ)
  객관식 필기 시험으로 주어진 본문과 문제를 통해 독해 능력을 평가한다. (*사전 이용 가능)

- 듣기 영역 (АУДИРОВАНИЕ)
  객관식 필기 시험으로 들려 주는 본문과 문제를 통해 이해 능력을 평가한다. (*사전 이용 불가)

- 쓰기 영역 (ПИСЬМО)
  주관식 필기 시험으로 주제에 알맞은 작문 능력을 평가한다. (*사전 이용 가능)

- 말하기 영역 (ГОВОРЕНИЕ)
  주관식 구술 시험으로 주어진 상황에 적합한 말하기 능력을 평가한다. (*사전 이용이 가능한 문제도 있음)

4. 토르플 시험의 영역별 시간

구 분	기초 단계	기본 단계	1단계	2단계	3단계	4단계
어휘·문법 영역	50분	50분	60분	90분	90분	60분
읽기 영역	50분	50분	50분	60분	60분	60분
듣기 영역	30분	30분	35분	35분	35분	45분
쓰기 영역	40분	50분	60분	55분	75분	80분
말하기 영역	25분	40분	60분	45분	45분	50분

5. 토르플 시험의 영역별 만점

구 분	기초 단계	기본 단계	1단계	2단계	3단계	4단계
어휘·문법 영역	100	110	165	150	100	141
읽기 영역	120	180	140	150	150	136
듣기 영역	100	180	120	150	150	150
쓰기 영역	80	80	80	65	100	95
말하기 영역	130	180	170	145	150	165
총 점수	530	730	675	660	650	687

6. 토르플 시험의 합격 점수

구분	기초 단계	기본 단계	1단계	2단계	3단계	4단계
어휘·문법 영역	75-100점 (75%이상)	82-110점 (75%이상)	109-165점 (66%이상)	99-150점 (66%이상)	66-100점 (66%이상)	93-141점 (66%이상)
읽기 영역	90-120점 (75%이상)	135-180점 (75%이상)	92-140점 (66%이상)	99-150점 (66%이상)	99-150점 (66%이상)	89-136점 (66%이상)
듣기 영역	75-100점 (75%이상)	135-180점 (75%이상)	79-120점 (66%이상)	99-150점 (66%이상)	99-150점 (66%이상)	99-150점 (66%이상)
쓰기 영역	60-80점 (75%이상)	60-80점 (75%이상)	53-80점 (66%이상)	43-65점 (66%이상)	66-100점 (66%이상)	63-95점 (66%이상)
말하기 영역	98-130점 (75%이상)	135-180점 (75%이상)	112-170점 (66%이상)	96-145점 (66%이상)	99-150점 (66%이상)	108-165점 (66%이상)

"본 교재에 수록된 본문의 한국어 해석은 학습 교재임을 감안하여 가급적 직역으로 수록하였습니다."

1부 테스트

Субтест 1. ЛЕКСИКА. ГРАММАТИКА

Инструкция к выполнению теста

- Время выполнения теста – 90 минут.
- Тест состоит из 4 частей и включает 150 позиций.
- При выполнении теста пользоваться словарём нельзя.
- В тесте слева даны предложения (1, 2, 3 и т. д.), а справа – варианты выбора.
- Выберите правильный вариант и отметьте соответствующую букву в матрице.

Например:

| А | (Б) | В | Г |

(Б – правильный вариант)

Если Вы ошиблись и хотите исправить ошибку, сделайте так:

| А | (Б) | (⊗В) | Г |

(В – ошибка, Б – правильный вариант)

ЧАСТЬ 1

Задание 1. Выберите правильный вариант ответа.

1. Павел стал хорошим специалистом _____ подготовке программистов.	(А) на (Б) с (В) по (Г) для
2. После его слов я _____ удивления даже остановилась.	(А) из-за (Б) без (В) с (Г) от

3. _____ экскурсии мы пошли в парк.	(А) Вместо (Б) Для (В) В (Г) Из-за
4. В субботу позвонил директор и _____ вызвал меня на работу.	(А) срочно (Б) скоро (В) быстро (Г) сразу
5. Денег у нас _____ достаточно, можем купить и это платье.	(А) совсем (Б) вполне (В) целиком (Г) полностью
6. Удивительно, какой это _____ ребёнок! Всё время плачет!	(А) плачевный (Б) заплаканный (В) плачущий (Г) плаксивый
7. Нет-нет, никакой любви, у нас _____ отношения!	(А) дружественные (Б) дружеские (В) дружные (Г) дружелюбные
8. Андрей – приятный человек, у него _____ характер.	(А) понятный (Б) нетрудный (В) лёгкий (Г) безопасный
9. Мой сын такой _____ , что после концерта долго не мог заснуть.	(А) внимательный (Б) впечатлительный (В) эффектный (Г) восхитительный
10. Как ярко этот автор описал _____ труд шахтёра!	(А) крепкий (Б) сильный (В) трудный (Г) тяжёлый

11. Максиму понравилась моя марка, и он предложил взамен свою, но это была неравноценная _____ .	(А) замена (Б) подмена (В) перемена (Г) заменяемость
12. Наша комната кажется маленькой, надо сделать _____ мебели.	(А) перестановку (Б) подстановку (В) обстановку (Г) установку
13. Почему ты в этом так уверен? Хочется услышать веские _____ .	(А) причины (Б) примеры (В) доводы (Г) условия
14. Вера до сих пор с удовольствием вспоминает _____ в университете.	(А) учёбу (Б) образование (В) обучение (Г) изучение
15. Все банки должны давать _____ тайны вклада.	(А) обещание (Б) слово (В) уверенность (Г) гарантию
16. Все придут сегодня в 10. Я _____ позвонил.	(А) всякому (Б) каждому (В) любому (Г) самому
17. Вчера мы договорились встретиться, но она _____ не пришла.	(А) почему-либо (Б) потому что (В) почему-то (Г) почему-нибудь
18. Артём _____ высшее образование в хорошем университете.	(А) закончил (Б) получил (В) взял (Г) сделал

19. Когда Саше купили новый шкаф, он все вещи _____ по полкам.	(А) приложил (Б) переложил (В) наложил (Г) разложил
20. Этот банк _____ кредит только крупным организациям.	(А) предоставляет (Б) предъявляет (В) представляет (Г) выставляет
21. Иван Ильич доволен своим банком: в конце года он _____ ему хорошие проценты.	(А) заплатит (Б) выплатит (В) доплатит (Г) приплатит
22. У меня нет мелких денег, _____ пожалуйста.	(А) обменяйте (Б) разменяйте (В) поменяйте (Г) замените
23. Зимой Вадим охотно _____ младшую сестру на санках.	(А) катает (Б) катит (В) водит (Г) везёт
24. Тамара каждый год _____ детей к морю.	(А) ездит (Б) летает (В) возит (Г) водит
25. Домашнее хозяйство у нас _____ старшая сестра.	(А) ведёт (Б) несёт (В) водит (Г) везёт
26. Он не слушал меня, его мысли _____ очень далеко.	(А) ходили (Б) бегали (В) бродили (Г) плавали

27. Не стойте у входа! _____ в середину вагона!	(А) Входите (Б) Заходите (В) Проходите (Г) Приходите
28. Дима уже _____ в магазин и купил продукты.	(А) приходил (Б) походил (В) проходил (Г) сходил
29. Эти книги уже не нужны, _____ их, пожалуйста, в библиотеку.	(А) вынеси (Б) отнеси (В) донеси (Г) внеси
30. Андрей совершенно _____ из себя и долго не мог успокоиться.	(А) ушёл (Б) унёс (В) вылез (Г) вышел
31. Этот учёный _____ большой вклад в развитие физики.	(А) принёс (Б) внёс (В) ввёл (Г) привёл
32. В парке было тихо, и только издалека _____ чьи-то голоса.	(А) долетали (Б) прилетали (В) добегали (Г) приносили

ЧАСТЬ 2

Задание 2. Выберите правильный вариант ответа.

33. В машине _____ укачало, и он заснул.	(А) ребёнок (Б) ребёнку (В) ребёнка (Г) с ребёнком

34. Это задание будет трудным _____ .	(А) для меня (Б) у меня (В) мне (Г) мной
35. Я убедился _____ , что брат не обманывает меня.	(А) тому (Б) в том (В) с тем (Г) о том
36. Только в течение _____ завод получил 20% прибыли.	(А) прошлому месяцу (Б) прошлым месяцем (В) прошлого месяца (Г) прошлый месяц
37. Главный инженер не смог закончить этот проект вследствие _____ .	(А) тяжёлую болезнь (Б) тяжёлой болезни (В) с тяжёлой болезнью (Г) тяжёлая болезнь
38. Я точно знаю, что Олег _____ не виноват.	(А) ни в чём (Б) ни к чему (В) ни с чем (Г) ни о чём
39. Этот текст _____ из нас не перевести.	(А) никто (Б) никого (В) никому (Г) никем
40. Я соглашаюсь с вами только _____ к вам.	(А) с уважением (Б) от уважения (В) по уважению (Г) из уважения
41. Чтобы поставить цветы, Юра взял пустую бутылку _____ .	(А) к шампанскому (Б) шампанским (В) шампанское (Г) из-под шампанского

42. _____ сам представился нашему коллективу.	(А) Нового коллегу (Б) Новый коллега (В) Новому коллеге (Г) С новым коллегой
43. Чтобы не простудиться, Лена села подальше _____ .	(А) через открытое окно (Б) с открытым окном (В) от открытого окна (Г) открытому окну
44. Я думаю, что _____ не стоит так много загорать.	(А) в твоём возрасте (Б) в твой возраст (В) твоему возрасту (Г) с твоим возрастом
45. На банкете нас угощали _____ .	(А) чёрная икра (Б) к чёрной икре (В) чёрную икру (Г) чёрной икрой
46. Чем вам помочь? Я искренне сочувствую _____ .	(А) вашему горю (Б) ваше горе (В) вашим горем (Г) о вашем горе
47. Я уже давно не виделся _____ .	(А) школьного товарища (Б) школьному товарищу (В) о школьном товарище (Г) со школьным товарищем
48. Борис решил не возражать _____ .	(А) свою собеседницу (Б) своей собеседнице (В) со своей собеседницей (Г) от своей собеседницы
49. Нина, ты должна сначала выслушать _____ .	(А) со старшим братом (Б) старшему брату (В) старшего брата (Г) старший брат

50. В статье экологи предупреждают _____ .	(А) серьёзную опасность (Б) о серьёзной опасности (В) к серьёзной опасности (Г) серьёзной опасностью
51. В больничном коридоре сильно пахло _____ .	(А) каким-то лекарством (Б) какому-то лекарству (В) от какого-то лекарства (Г) о каком-то лекарстве
52. Игорь долго извинялся _____ .	(А) своему опозданию (Б) о своём опоздании (В) в своё опоздание (Г) за своё опоздание
53. Мама заболела, и мы вызвали _____ .	(А) скорая помощь (Б) скорую помощь (В) за скорой помощью (Г) для скорой помощи
54. Мне повезло: купил билеты _____ .	(А) во второй ряд (Б) на втором ряду (В) вторым рядом (Г) второму ряду
55. Мы взяли кредит в банке _____ .	(А) к ремонту квартиры (Б) из-за ремонта квартиры (В) на ремонт квартиры (Г) ремонтом квартиры
56. Это не его идея, он украл её _____ .	(А) к Игорю Петровичу (Б) от Игоря Петровича (В) у Игоря Петровича (Г) Игорю Петровичу
57. Налейте, пожалуйста, мне _____ .	(А) горячему молоку (Б) горячего молока (В) с горячим молоком (Г) в горячее молоко

58. Мы не заметили, как оказались _____ .	(А) к незнакомому месту (Б) на незнакомое место (В) незнакомого места (Г) в незнакомом месте
59. Достигнутые результаты – это целиком заслуга _____ .	(А) с новым директором (Б) новому директору (В) при новом директоре (Г) нового директора
60. Не надо обижаться _____ .	(А) на справедливую критику (Б) к справедливой критике (В) о справедливой критике (Г) справедливой критикой
61. Газеты писали, что этот бизнесмен владеет _____ .	(А) большого состояния (Б) к большому состоянию (В) большим состоянием (Г) большое состояние
62. Ольгу не узнать, она похудела _____ .	(А) нескольких килограммов (Б) за несколько килограммов (В) в несколько килограммов (Г) на несколько килограммов
63. Поездку в Суздаль мы запланировали _____ .	(А) от пятницы (Б) на пятницу (В) к пятнице (Г) пятницей
64. Андрей ездил в командировку со второго _____ .	(А) на седьмое (Б) седьмого (В) к седьмому (Г) по седьмое
65. Как чудесно гулять _____ по берегу моря!	(А) летнего вечера (Б) летним вечером (В) во время летнего вечера (Г) пока летний вечер

66. Это была наша первая встреча _____ .	(А) за несколько лет (Б) в несколько лет (В) на несколько лет (Г) несколько лет
67. Прошу тебя больше не касаться _____ .	(А) о таких темах (Б) такие темы (В) таких тем (Г) с такими темами
68. Мой муж откладывает деньги _____ .	(А) внеплановых расходов (Б) внеплановым расходам (В) на внеплановые расходы (Г) для внеплановых расходов
69. Моя бабушка не доверяет _____ .	(А) молодым врачам (Б) молодых врачей (В) при молодых врачах (Г) с молодыми врачами
70. Этот политик известен _____ .	(А) за смелые выступления (Б) в смелых выступлениях (В) смелым выступлениям (Г) смелыми выступлениями
71. О любви сложено _____ .	(А) многих песен (Б) многие песни (В) много песен (Г) многим песням
72. Психологи советуют не жалеть _____ .	(А) о совершённых поступках (Б) без совершённых поступков (В) совершённым поступкам (Г) за совершённые поступки
73. Антон очень спешил, но всё-таки зашёл в кафе _____ .	(А) пообедал (Б) пообедать (В) пообедает (Г) обедал

74. На остановке автобуса _____ больше 10 человек.	(А) собрались (Б) собралось (В) собираются (Г) собирались
75. Я знаю, что ряд ваших выводов ещё _____ .	(А) не подтверждены (Б) неподтверждённый (В) неподтверждённые (Г) не подтверждён
76. Международная конференция была _____ техническим университетом.	(А) организованной (Б) организована (В) организованная (Г) организовавшая
77. _____ об этом – значит помочь преступникам.	(А) Промолчишь (Б) Промолчат (В) Промолчим (Г) Промолчать
78. _____ , Борис перестал нам звонить.	(А) Уехав на дачу (Б) Уезжая на дачу (В) Уехавший на дачу (Г) Уезжающий на дачу
79. - Когда ты едешь отдыхать? - Завтра, я уже _____ вещи.	(А) укладывала (Б) уложила
80. Эта книга вышла давно, в магазинах её уже не _____ .	(А) покупать (Б) купить
81. Как много салата! Это же невозможно _____ !	(А) есть (Б) съесть
82. К сожалению, я не успел _____ всех о переносе экскурсии.	(А) предупреждать (Б) предупредить
83. Этот случай совсем не _____ на наши отношения.	(А) повлиял (Б) влиял

84. Уже 8 часов! Ты опоздаешь! _____ !	(А) Вставай (Б) Встань
85. Пожалуйста, _____ , а то волосы плохо лежат.	(А) причёсывайся (Б) причешись
86. - Почему здесь так холодно? - Извини, это я недавно окно _____ , уже закрыл.	(А) открывал (Б) открыл
87. После концерта Витя обязательно _____ Нину домой.	(А) проводит (Б) будет провожать
88. Ира, пожалуйста, _____ молоко, я люблю сырое.	(А) не вскипяти (Б) не кипяти
89. Дима, _____ эти грибы, они несъедобные!	(А) не собирай (Б) не собери
90. Здесь очень скользко, _____ !	(А) не упади (Б) не падай
91. _____ мне Игорь о празднике, я бы не купил подарок сестре.	(А) Не напомни (Б) Не напоминай

Задание 3. Установите синонимические соответствия между выделенными конструкциями и вариантами ответа.

92. Администрация театра не несёт ответственности за **оставленные вещи**.	(А) вещи, которые оставляют (Б) вещи, которые оставляли (В) вещи, которые оставят (Г) вещи, которые оставили
93. Все знают В. Сюткина как певца, **исполняющего** популярные песни.	(А) который исполнял (Б) который исполнил (В) который исполняет (Г) который исполнит

94. Информация, **выдаваемая** в справочном бюро, является платной.	(А) которую выдали (Б) которую выдают (В) которую выдадут (Г) которую выдавали
95. Нельзя строить заводы, **которые загрязняют** природу.	(А) загрязнившие (Б) загрязнявшие (В) загрязняющие (Г) загрязнённые
96. Цветы, **которые посадила** Ира, очень красивы.	(А) посаженные (Б) посадившая (В) посадившие (Г) сажавшая
97. За домом мы увидели вещи, **которые выбросили** соседи.	(А) выбрасываемые (Б) выбросившие (В) выбрасывающие (Г) выброшенные
98. Я смог удачно реализовать идею, **которую подсказал** мне отец.	(А) подсказываемую (Б) подсказавший (В) подсказавшую (Г) подсказанную
99. Обдумывая планы на будущее, вы не должны забывать о родителях.	(А) когда обдумали планы (Б) когда обдумаете планы (В) когда обдумываете планы (Г) когда обдумывали планы
100. Нарушая правила движения, водители создают опасную ситуацию на дорогах.	(А) когда нарушают правила (Б) так как нарушают правила (В) если нарушили правила (Г) поскольку нарушили правила
101. Павел приехал в Петербург, **мечтая побывать** на концерте любимой певицы.	(А) когда мечтал побывать (Б) так как мечтал побывать (В) пока мечтал побывать (Г) поэтому мечтал побывать

102. **Не успев купить** цветы, Андрей всё-таки пошёл поздравить Ирину.	(А) когда не успел купить (Б) так как не успел купить (В) хотя не успел купить (Г) поскольку не успел купить
103. **Обойдя выставку**, мы выбрали себе картину и купили её.	(А) когда обошли выставку (Б) когда обходили выставку (В) так как обошли выставку (Г) поскольку обходили выставку

ЧАСТЬ 3

Задание 4. Выберите правильный вариант ответа.

104. Он предложил: _____ .	(А) «Если нам выпить кофе?» (Б) «Не выпить ли нам кофе?»
105. Я подумала: « _____ из меня спортсменка?»	(А) Такая (Б) Какая
106. Собрание давно закончилось, _____ никто не расходился.	(А) но (Б) хотя (В) и (Г) а также
107. Дмитрий учился в престижном вузе, _____ это помогло ему в жизни.	(А) тоже (Б) да (В) но (Г) и
108. Я не хочу писать Елене, _____ что нового я могу ей сообщить?	(А) но (Б) хотя (В) а то (Г) да и
109. Мне хотелось бы снять дачу _____ у озера, _____ на берегу реки.	(А) да … да (Б) то … то (В) либо … либо (Г) ни … ни

110. Почему-то Саша сомневается, _____ наша команда попадёт в финал.	(А) если (Б) когда (В) чтобы (Г) что	
111. Как Ольга считает нужным, _____ поступает всегда.	(А) так и (Б) как и (В) что (Г) то и	
112. Ещё не настолько тепло, _____ идти купаться.	(А) что (Б) как (В) чтобы (Г) потому что	
113. Отец пошёл на работу так рано, _____ мы удивились.	(А) как (Б) что (В) поэтому (Г) настолько	
114. _____ в субботу будет тепло, поедем на дачу.	(А) Пока (Б) Когда (В) Хотя (Г) Если	
115. Павел отказался подписывать договор, _____ не был уверен в своих силах.	(А) так как (Б) как (В) когда (Г) чтобы	
116. Стояла такая погода, _____ редко бывает зимой.	(А) как (Б) какая (В) как будто (Г) точно	
117. На выставке Иван накупил много картин, _____ это было дорого.	(А) настолько (Б) как будто (В) в связи с тем что (Г) несмотря на то что	

118. Это хороший план, _____ он позволит вовремя закончить работу.	(А) настолько (Б) поскольку (В) что (Г) пока	
119. Позвони мне, _____ ты освободишься.	(А) во время того как (Б) с тех пор как (В) как только (Г) пока	
120. Мы были довольны поездкой за город, _____ попали под дождь и устали.	(А) хотя (Б) если бы (В) что (Г) ради того что	
121. Татьяна работает день и ночь, _____ заработать на квартиру.	(А) ради того чтобы (Б) из-за того что (В) потому что (Г) пока не	
122. Максим так и не смог вспомнить, _____ в последний раз разговаривал с отцом.	(А) в то время как (Б) для того чтобы (В) чтобы (Г) когда	
123. Я обошёл весь город, _____ купить любимые цветы мамы.	(А) где (Б) пока не (В) для того чтобы (Г) благодаря тому что	
124. _____ ты со мной не согласен, поступай как хочешь.	(А) Раз (Б) Когда (В) Хотя (Г) Насколько	

125. Мысли о Ларисе не оставляли Ивана, _____ он впервые увидел её.	(А) когда (Б) с того часа как (В) в то время как (Г) благодаря тому что
126. Галя испугалась, _____ её слова не обидели кого-нибудь.	(А) потому что (Б) как бы (В) в результате чего (Г) для того чтобы
127. «Разве ты не узнала N?» – и Олег назвал имя писателя, _____ книгами мы все зачитывались.	(А) какими (Б) которыми (В) кого (Г) чьими
128. За то время, _____ мы ужинали, мы обо всём договорились.	(А) какое (Б) когда (В) что (Г) в которое

Задание 5. Установите синонимические соответствия между выделенными конструкциями и вариантами ответа.

129. Ира очень эмоциональна, **даже от радости плачет**.	(А) плачет, хотя рада (Б) плачет, когда рада (В) плачет, для того что рада (Г) плачет, потому что рада
130. При срочном обмене квартиры Антон заплатил больше, чем планировал.	(А) Во время срочного обмена (Б) Благодаря срочному обмену (В) Если обмен был срочным (Г) Так как обмен был срочным
131. На прощание мы обменялись адресами.	(А) Перед тем как попрощаться (Б) После того как попрощались (В) Потому что прощались (Г) Так как прощались

Задание 6. Прочитайте текст официально-делового характера (заявление). Выберите правильный вариант ответа.

132. (А) Уважаемому руководителю комиссии
по архитектурному контролю Корнееву Ф.И.;
(Б) Фёдору Ивановичу Корнееву;
(В) Фёдору Ивановичу Корнееву,
руководителю комиссии по архитектурному контролю;
(Г) Руководителю комиссии по архитектурному контролю
Корнееву Ф.И.

133. (А) от товарища Завьяловой Т.А.;
(Б) от члена комиссии художника Завьяловой Т.А.;
(В) от Татьяны Андреевны Завьяловой;
(Г) от художницы Завьяловой Т.А.

Заявление

134. (А) Я Вас прошу; (Б) Просила бы Вас; (В) Прошу Вас; (Г) Обращаюсь с просьбой **135.** (А) разрешить мне уйти; (Б) освободить меня; (В) уволить меня; (Г) разрешить моё освобождение от работы **136.** (А) для комиссии; (Б) по комиссии; (В) на комиссию; (Г) в комиссии по архитектурному контролю с 10 октября **137.** (А) в связи с переездом; (Б) из-за переезда; (В) так как у меня переезд; (Г) по поводу переезда **138.** (А) в новое место проживания; (Б) по новому адресу; (В) на новое место жительства: (Г) к новому месту жительства.

139. (А) 2007 г., 25 сентября; (Б) 2007, сентябрь, 25; (В) 25, сентябрь, 2007 г.; (Г) 25 сентября 2007 г.

140. (А) С уважением, Завьялова Т.А.;
(Б) Благодарю вас, Завьялова Т.А.;
(В) Завьялова Т.А.;
(Г) Спасибо вам, Завьялова Т.А.

Задание 7. Прочитайте аннотацию и выберите правильный вариант ответа.

141. _____ вниманию читателей книга – ярчайшая новинка спортивной литературы.	(А) Предлагаемая (Б) Предложенная (В) Предлагающая (Г) Предложившая
142. Книга _____ не случайно.	(А) выбранная (Б) выбрана (В) выбирается (Г) выбираема
143. Это первый бестселлер, _____ на данную тему признанным специалистом.	(А) написан (Б) написанный (В) написавший (Г) написал
144. Книга _____ основным пособием для любителей игры в бильярд.	(А) служившая (Б) служится (В) служащая (Г) служит
145. На фоне десятка изданий на эту тему она _____ полнотой и строгостью изложения.	(А) выделена (Б) выделяема (В) выделяется (Г) выделенная

Задание 8. Прочитайте минитексты, выберите варианты ответа, соответствующие *газетно-публицистическому стилю*.

Выставка «зелёная неделя»

146. Президент России _____ Государственного совета.	(А) провёл заседание президиума (Б) объявил заседание президиума (В) заседал с президиумом (Г) сидел на заседании

147. Избирательная комиссия _____ социологического опроса.	(А) представила результаты (Б) рассказала о результатах (В) поговорила о результатах (Г) дала результаты
148. Результаты выборов _____ через 10 дней.	(А) расскажут (Б) опубликуются (В) будут опубликованы (Г) напишут
149. На этой неделе _____ встреча Президента России с представителями Академии наук.	(А) была (Б) состоялась (В) произошла (Г) случилась
150. В Стокгольме _____ имена лауреатов Нобелевской премии.	(А) были объявлены (Б) рассказали (В) сообщили (Г) сказали

Субтест 2. ЧТЕНИЕ

Инструкция к выполнению теста

- Время выполнения теста – 60 минут.

- Тест состоит из 2 частей, 3 текстов и тестовых заданий к ним.

- После того как Вы прочитаете текст и ознакомитесь с заданиями, выберите правильный вариант ответа и отметьте соответствующую букву в матрице.

Например:

(Б – правильный вариант).

Если Вы ошиблись и хотите исправить ошибку, сделайте так:

| А | Ⓑ | ⓧ | Г |

(В – ошибка, Б – правильный вариант)

При выполнении заданий части 2 можно пользоваться толковым словарём русского языка.

ЧАСТЬ I

Инструкция к выполнению заданий 1-8

- Вам предъявляется текст.

- Ваша задача – прочитать текст и **закончить предложения**, данные после текста. Выберите правильный вариант ответа и отметьте его в матрице.

Задания 1-8. Прочитайте текст 1 и предложения, которые даны после текста. Выполните задания в соответствии с инструкцией.

ТЕКСТ 1

Суздаль – один из красивейших российских городов – насчитывает около 1000 лет славной самобытной истории. Суздалю пришлось быть свидетелем многих исторических событий.

Сейчас Суздаль – единственный в России город-музей под открытым небом и прекрасное место для туризма.

Первое летописное упоминание о Суздале датируется 1024 годом, хотя есть все основания полагать, что первые поселения появились здесь не позднее IX века. Вещественные материалы, найденные во время раскопок, говорят, что город имел торговые связи с древними государствами Севера и Средней Азии. Это позволяет утверждать, что Суздаль является одним из древнейших городов России.

В Суздале располагается пять древних монастырей, в разной степени сохранности дошедших до нас. Самый древний монастырь, Ризоположенский, был основан в 1207 году. История Суздаля полна нераскрытых тайн и загадок. Когда враги взяли и сожгли Суздаль, они по неизвестной причине не тронули только этот монастырь, и оставшиеся в живых жители смогли в нем укрыться.

Первый раз мы с другом были в Суздале всего полдня. Прошло несколько дней, и нас потянуло обратно с необыкновенной силой. Город потребовал уважительного к себе отношения и не отпустил нас так легко. Поэтому всеми правдами и неправдами мы вырвались сюда ещё раз.

Ресторанов и кафе в городе – достаточное количество, на любой вкус и кошелёк. Самый лучший – «Трапезная в Кремле». Могу похвалить также трактир «Зарядье», а в кафе «Емеля» не менее хороший сервис и вкусная еда, и притом дешевле. Меню в разных ресторанах похоже, но способ приготовления одних и тех же блюд отличается, как небо и земля. Если человек хочет потратить много денег, то он легко сможет это сделать, ну а если не хочет, то отдых может получиться очень экономичным.

Чтобы включиться в неторопливый ритм суздальской жизни, нужно приезжать обязательно с ночёвкой, хотя бы с одной. С нашей нетерпеливостью и желанием всё быстро охватить невозможно ничего понять про Суздаль. Это место существует в иной системе координат, здесь требуется другой подход – вдумчивый, осторожный, и тогда город откроется во всей своей красе.

В Суздале не более 12 тысяч жителей. Люди в общении приятные, к приезжим относятся очень доброжелательно. Здесь почти ничего нет для любителей шумных развлечений, зато есть всё для тихого и безопасного отдыха. Местные жители говорят, что «это место хранят высшие силы». Тишина в городе какая-то концентрированная, увозишь её в душе и ждёшь, когда же сможешь снова вернуться и восполнить запас этой живой воды...

(По эссе О. Мироновой)

1. Автор решила приехать в Суздаль ещё раз, потому что _____ .

(А) хотела лучше изучить историю города

(Б) на этом настаивал её друг

(В) город привлёк её своей необычностью

2. Чтобы вернуться в Суздаль ещё раз, автор и её друг _____ .

(А) заранее запланировали свою поездку

(Б) преодолели ряд препятствий

(В) отложили текущие дела

3. Вывод, что Суздаль существовал до X века, позволяют сделать _____ .

(А) древнерусские летописные источники

(Б) вещи, найденные при раскопках

(В) письменные свидетельства торговли

4. Все древние монастыри Суздаля _____ .

(А) достаточно хорошо сохранились

(Б) находятся в плохом состоянии

(В) находятся в неодинаковом состоянии

5. Автор отмечает, что в ресторанах Суздаля _____ .

(А) очень похожий ассортимент

(Б) все блюда вкусные

(В) очень хорошее обслуживание

6. Автор считает, что в Суздале хорошо отдыхать _____ .

(А) всем путешественникам

(Б) любителям тишины

(В) людям с небольшим достатком

7. Автор полюбила этот город _____ .

(А) за его древнюю архитектуру

(Б) за неторопливый ритм жизни

(В) за своеобразие и самобытность

8. Жители города верят, что Суздаль живёт благодаря _____ .

(А) мистической защите

(Б) развитию туризма

(В) политике городской власти

Инструкция к выполнению заданий 9-15

- Вам предъявляется текст.
- Ваша задача – прочитать текст и **закончить предложения**, данные после текста. Выберите правильный вариант ответа и отметьте его в матрице.

Задания 9-15. Прочитайте текст 2 и предложения, которые даны после текста. Выполните задания в соответствии с инструкцией.

ТЕКСТ 2

Признаки человеческой деятельности вначале не портили природы, потому что люди были не способны её испортить, а впоследствии – потому что они заботились о красоте места, где жили. До определённого рубежа все изменения, производимые человеком на земле, вписывались в земные пейзажи.

Но где-то этот рубеж был перейдён. Изменились масштабы человеческой деятельности. Однако человек не мог ещё ни строить чудовищные плотины, ни поднимать в небо заводские трубы, ни создавать искусственные водохранилища.

Но нельзя валить всё только на размах человеческой деятельности. Египетские пирамиды по размерам превышают многие современные постройки, но можно ли утверждать, что они изуродовали пейзаж?

Напротив, они являются украшением планеты.

Конечно, восприятие – дело вкуса. Но есть и объективное разделение вещей на вызывающие восторг и вызывающие отвращение. Существует естественная потребность в красоте. Забор автобазы нельзя сделать столь же прекрасным, как решётка Летнего сада, у него другая функция, а закон функции существует. Но пресловутый забор может быть по-своему красив или безобразен, всё зависит от того, были ли люди наделены потребностью красоты, когда его воздвигали.

Часто самые современные и грандиозные сооружения по-своему красивы и даже изящны. Нельзя сказать, что они вписываются в ландшафт, ибо они сами определяют его, сами и есть ландшафт, но они не безобразны.

У людей, увлёкшихся только экономическими соображениями, может отсутствовать простейший критерий: «Как это будет выглядеть сегодня, тем более завтра?» Архитектор А. Буров в книге «Об архитектуре» обронил значимую фразу: «Нужно построить хорошие жилища, не испортив на столетия лицо страны». Прекрасная и зловещая фраза. Прекрасна она озабоченностью лицом страны, а зловеща тем, что, оказывается, лицо страны можно испортить, причём не на год, а на целые столетия. Главное, что явствует из этой фразы: существует понятие «лицо страны». И определяется оно не только географическим ландшафтом, а в неменьшей степени человеческой деятельностью.

(По статье В. Солоухина)

9. В. Солоухин хотел обратить внимание читателя _____ .

(А) на экологические проблемы

(Б) на проблемы эстетики в городском строительстве

(В) на степень влияния человека на окружающий мир

10. В. Солоухин говорит _____ .

(А) о необходимости создания гармоничного ландшафта

(Б) о стремлении человека к красоте

(В) о роли экономического фактора в строительстве

11. Причиной создавшейся ситуации В. Солоухин считает _____ .

(А) невнимание к эстетической стороне деятельности

(Б) стремление к созданию гигантских сооружений

(В) размах строительной деятельности

12. По мнению писателя, гигантские сооружения _____ .

(А) всегда безобразны и уродливы

(Б) могут быть по-своему прекрасны

(В) должны отвечать критерию функциональности

13. Автор считает, что современные сооружения не являются частью ландшафта, так как они _____ .

(А) слишком громоздки

(Б) очень некрасивы

(В) формируют ландшафт

14. Понятие «лицо страны» _____ .

(А) является общепризнанным

(Б) введено архитектором А. Буровым

(В) предложено автором статьи

15. По мнению автора статьи, архитектор А. Буров _____ .

(А) был обеспокоен проблемами эстетики строительства

(Б) пропагандировал ускоренное строительство жилья

(В) выступал за перспективное планирование строительства жилья

ЧАСТЬ II

Инструкция к выполнению заданий 16–25

- Вам предъявляется отрывок из художественного текста.

- Ваша задача – прочитать текст и **закончить предложения**, данные после текста. Выберите правильный вариант ответа и отметьте его в матрице.

- При выполнении задания можно пользоваться толковым словарём русского языка.

Задания 16-25. Прочитайте текст 3 и предложения, которые даны после текста. Выполните задания в соответствии с инструкцией.

ТЕКСТ 3

Это был обыкновенный школьный вечер. Они медленно двигались в танце. И вдруг он коснулся щекой её щеки… Её звали Вика… С тех пор много воды утекло. Уже потом, обосновавшись в Москве, он слышал, что Вика окончила музыкальное училище и преподаёт в музыкальной школе городка N.

Воспоминания нахлынули на него ни с того ни с сего. И Николай решил ехать. Благо отпрашиваться с работы не надо: он сам был начальником небольшой фирмы.

Рано утром он сел в свой старый джип. На заднем сиденье лежал подарок для Вики – французские духи.

Они никогда не дружили. Лишь раз он проводил её до дома, после того вечера. Так зачем же он едет к Вике после стольких лет? Не для того ведь, чтобы предложить выйти за него замуж? У неё наверняка семья – муж, дети…

Николай понимал нелепость своей затеи, но упорно стремился вперёд в неизвестность.

Город был небольшой. Отыскал музыкальную школу, вошёл в здание, осторожно приоткрыл дверь в зал. Шёл концерт. Коля уселся в кресло. Вскоре объявили семейное трио. Вышли мать, отец и дочь. Вика играла на рояле великолепно. Муж её, контрабасист, тоже был профессионал. Дочурка извлекала из скрипки удивительные звуки. Такая гармония могла родиться лишь в счастливой семье. Когда зал дружно зааплодировал, Николай вышел.

Он ехал назад. Будто гора с плеч свалилась. Коля рассмеялся. Какой могла быть их встреча, в самом деле…

Спустя некоторое время взору его открылся посёлок – одноэтажные деревянные избы. Он остановился у почты. Рядом была гостиница. У Коли возникло желание растянуться на кровати и поспать пару часов.

Номер оказался маленьким, но тёплым. Он разделся и тотчас уснул безмятежным сном.

Проснулся Николай в одиннадцать – проспал больше пяти часов. Администраторша сказала, что можно поужинать в кафе у автовокзала. Коля решил ехать, не дожидаясь утра.

Площадь и улицы райцентра оказались совершенно пустынными. В конце улицы он заметил домик с вывеской «Кафе "Север"». Николай решил зайти в кафе и взять в дорогу что-нибудь поесть.

В кафе звучала музыка. У окна разместилась компания молодых людей – три девушки и три парня. Коля подумал, что неплохо бы поужинать. В ожидании заказа он взял салфетку и стал чиркать на ней ручкой. Он нарисовал зимнюю площадь неизвестного посёлка, церквушку, редких прохожих.

Девушка из компании вдруг подсела к нему. Большие глаза глядели с любопытством – они излучали настроение романтической свободы.

– А что ты рисуешь?

– Так, – Николай протянул ей салфетку, – от нечего делать.

– Постой… – она отняла глаза от рисунка. – Это же наша Каменка… А мне нравится. Подари мне!

– Бери, – ответил Николай, тоже переходя на «ты».

– Спасибо! А ты откуда?

– Из Москвы.

– Понравилось у нас?

– Вроде ничего посёлок, тихий.

– Скука, – проговорила девушка. – Молодёжь разбегается, работы никакой. Тебе не понять, ты москвич.

– Ну почему же? Я сам из Нижнего Новгорода.

В это время принесли еду. Николай принялся есть. Белый хлеб был невероятно вкусный. В провинциях хлеб почему-то всегда вкусней, чем в столице.

Девушка спросила:

– Ну как, вкусно?

— Ага, особенно хлеб.

— Все так говорят. Даже за рецептом приезжают. А чего там рецепт-то? Здесь все такой хлеб пекут. Я и сама умею.

— Неужели?! – удивился Николай.

— Да. Это у вас в Москве девки избалованные, домработниц приглашают. Разве нет? А у тебя жена готовит?

— Я один живу.

— Что так?

— Ну... – Николай развёл руками. – Не нашёл ещё...

— Ту единственную и неповторимую, – подсказала девушка. Помолчали.

— Пожалуй, мне пора, – сказал Николай.

— Спасибо за компанию, – улыбнулась девушка, – и за подарок.

Вскоре он выехал на шоссе. Пройдёт несколько лет... Он вспомнит посёлок, затерявшийся на просторах России. Что-то заставит его вспомнить и эту девушку... Николай резко нажал на тормоз, развернул джип и поехал назад.

(По рассказу Н. Пака)

16. Николай окончил школу _____ .

(А) очень давно

(Б) несколько лет назад

(В) недавно

17. В школьные годы Вика и Николай _____ .

(А) были друзьями

(Б) были мало знакомы

(В) не были знакомы

18. Николай поехал к Вике, потому что _____ .

(А) всегда помнил её и скучал по ней

(Б) решил на ней жениться

(В) хотел просто повидать её

19. Вика жила _____ .

(А) в том же городе, где они учились

(Б) в незнакомом Николаю городе

(В) в небольшом городе недалеко от Москвы

20. Слушая выступление Вики, Николай понял, что _____ .

(А) у неё замечательная семья

(Б) она стала очень хорошей пианисткой

(В) она очень любит свою дочь

21. Николай остановился в гостинице, так как _____ .

(А) он неожиданно захотел отдохнуть

(Б) заранее заказал там номер

(В) она ему очень понравилась

22. Когда Николай повидал Вику и её семью, он _____ .

(А) понял, что напрасно приезжал

(Б) был очень доволен этим

(В) почувствовал облегчение

23. Девушка в кафе подошла к Николаю, потому что _____ .

(А) она хотела пригласить его в свою компанию

(Б) ей было интересно поговорить с новым человеком

(В) она решила познакомиться и подружиться с ним

24. Николай производит впечатление _____ .

(А) умного, делового человека

(Б) сильного, решительного человека

(В) мягкого, робкого человека

25. Выехав на шоссе после разговора с девушкой, Николай _____ .

(А) подумал, что будет часто её вспоминать

(Б) неожиданно решил вернуться в посёлок

(В) решил вернуться в город, где жила Вика

Субтест 3. АУДИРОВАНИЕ

Инструкция к выполнению теста

- Время выполнения теста (30-40 минут) определяется временем звучания предъявляемых аудио- и видеоматериалов и временем выполнения заданий.

- Тест включает 25 заданий.

- Перед прослушиванием каждой части Вы получаете задания к ней, инструкцию в письменном виде. Выберите вариант ответа и отметьте его в матрице. Например:

Например:

| А | Б | (В) | Г |

(Б – правильный вариант).

Если Вы изменили свой выбор и хотите исправить ошибку, сделайте это так:

| А | (Б̸) | (В) | Г |

(А – ошибка, Б – правильный вариант)

Количество предъявлений: **1**

Пользоваться словарём не разрешается.

Инструкция к выполнению заданий 1-5

- Задания 1-5 выполняются после прослушивания начальных реплик диалога.
- Время выполнения заданий: **до 5 мин.**

Задания 1-5. Прослушайте начальные реплики диалога двух людей при их встрече и выберите вариант ответа к каждому из заданий.

1. Говорящая _____ .

   (А) часто ходит по магазинам
   (Б) специально зашла в этот магазин
   (В) проходя мимо, зашла в новый магазин

2. Её друг _____ .

   (А) хозяин магазина

   (Б) работает в магазине

   (В) специалист по женской одежде

3. В магазине продаются _____ .

   (А) вещи определённого стиля

   (Б) коллекции разных стилей

   (В) только авторские модели

4. В магазине говорящая _____ .

   (А) купила несколько вещей

   (Б) купила себе блузку

   (В) ничего не купила

5. Речь говорящей можно охарактеризовать как _____ .

   (А) профессионально окрашенную

   (Б) содержащую элементы жаргона

   (В) стилистически нейтральную

Инструкция к выполнению заданий 6-10

- Задания 6-10 выполняются после прослушивания рекламной информации.
- Время выполнения заданий: **до 5 мин.**

Задания 6-10. Прослушайте рекламную информацию и выберите вариант ответа к каждому из заданий.

6. В работе выставки планируется участие _____ .

   (А) известных политологов

   (Б) крупных политиков

   (В) ведущих социологов

7. Эта выставка состоялась _____ .

   (А) по окончании Всемирного газетного конгресса

   (Б) в рамках Всемирного газетного конгресса

   (В) перед началом Всемирного газетного конгресса

8. Президент России согласился принять участие _____ .

   (А) в работе выставки

   (Б) в работе Всемирного газетного конгресса

   (В) в открытии Всемирного газетного конгресса

9. Для всех желающих эта выставка открыта _____ .

   (А) с 10 часов

   (Б) с 14 часов

   (В) с 18:30

10. Посещение выставки бесплатно _____ .

    (А) для журналистов

    (Б) для купивших билет на выставки Дома художника

    (В) для редакторов крупнейших изданий

Инструкция к выполнению заданий 11-15

- Задания 11-15 выполняются после просмотра видеозаписи.
- Время выполнения заданий: **до 6 мин**.

Задания 11-15. Посмотрите фрагмент из кинофильма «Осенний марафон» и выберите вариант ответа к каждому из заданий.

11. Жена героя фильма _____ .

    (А) хорошо знала звонившую по телефону девушку

    (Б) не знала, кто звонит по телефону

    (В) догадывалась, кто звонит по телефону

12. Во время завтрака атмосфера за столом была _____ .

    (А) враждебная

    (Б) напряжённая

    (В) дружеская

13. Андрей ведёт себя, как человек, _____ .

    (А) который незаслуженно обижен

    (Б) у которого нет серьёзных проблем

    (В) который что-то скрывает

14. Позвонившая Андрею женщина сказала ему, что _____ .

(А) он забыл кое-что у подруги

(Б) подруга хочет его видеть

(В) она не хочет разговаривать с его подругой

15. Гость Андрея Билл _____ .

(А) доволен оказываемым приёмом

(Б) сочувствует Андрею и одобряет его поведение

(В) чувствует, что в семье не всё благополучно

Инструкция к выполнению заданий 16-20

- Задания 16-20 выполняются после прослушивания аудиозаписи новостей.
- Время выполнения заданий: **до 6 мин**.

Задания 16-20. Прослушайте аудиозапись новостей и выберите вариант ответа к каждому из заданий.

16. Открывшийся в Женеве автосалон является _____ .

(А) одним из крупнейших в мире

(Б) привлекательным для автопроизводителей

(В) популярным салоном автоновинок

17. Установив, что Солнце стало светить меньше, учёные хотят выяснить, _____ .

(А) почему на Земле происходит потемнение

(Б) на сколько процентов слабее светит Солнце

(В) почему потемнение неравномерно

18. В последнее время женщин охотнее назначают руководителями, так как _____ .

(А) они коммуникабельнее и отлично работают в команде

(Б) они успешнее мужчин решают проблемы управления

(В) в России не хватает профессиональных управленцев

19. Команда Франции не могла участвовать в конкурсе кондитеров, поскольку _____ .

(А) конкурс проходил во Франции

(Б) капитан команды возглавлял жюри

(В) эта команда победила в прошлом году

20. Телекомпания «ТВ-Центр» _____ .

(А) рассказывает о благородных людях

(Б) ищет тех, кто помогает детям

(В) просит сообщить о бескорыстных людях

Инструкция к выполнению заданий 21-25

- Задания 21-25 выполняются после просмотра видеозаписи интервью.
- Время выполнения заданий: **до 6 мин**.

Задания 21-25. Посмотрите фрагмент видеозаписи интервью с известным артистом Алексеем Баталовым и выберите вариант ответа к каждому из заданий.

21. Д.С. Лихачёв боролся _____ .

(А) за сохранение библиотек

(Б) за сохранение картин

(В) за развитие искусства

22. По словам А. Баталова, Д.С. Лихачёв считал, что _____ .

(А) молодёжи не нужны старые картины

(Б) разным поколениям нужны разные книги

(В) хорошая книга должна ждать своего читателя

23. Журналист думает, что _____ .

(А) современная молодёжь нравится всем

(Б) современную молодёжь много ругают

(В) современная молодёжь очень нравится А. Баталову

24. По мнению А. Баталова, молодые люди сейчас _____ .

(А) интересуются американской культурой

(Б) стали более образованными

(В) читают только по необходимости

25. Разговаривая с А. Баталовым, журналист _____ .

(А) демонстрирует своё уважение

(Б) часто спорит с ним

(В) пытается поймать его на неточности

Субтест 4. ПИСЬМО

Инструкция к выполнению теста

- Время выполнения теста: **55 мин.**

- Тест состоит из 3 заданий.

- При выполнении теста разрешается пользоваться толковым словарём.

Инструкция к выполнению задания 1

- Ваша задача – на основе прочитанного текста написать **письмо рекомендательного характера**.
- Объём печатного текста: **до 180 слов.**
- Время выполнения задания: **20 мин.**
- Объём письма: **50-70 слов.**

Задание 1. Ваша знакомая обратилась к Вам с просьбой порекомендовать хорошую школу для своего ребёнка, который скоро должен пойти в первый класс. На основе предложенных рекламных материалов порекомендуйте ей учебное заведение, которое, по Вашему мнению, лучше всего подойдёт ребёнку Вашей знакомой.

Школа № 117 объявляет набор учеников в младшие классы. Опытные педагоги, внимательный обслуживающий персонал, отличная столовая. Образовательная программа соответствует государственному стандарту.

Наш адрес:
ул. Паустовского, д. 38.
Тел.: 422-45-67.

Первый раз
в первый класс!
Школа № 1153
ждёт своих маленьких
друзей!
Высокая квалификация
учителей гарантирует
успешную учёбу.
Курсы подготовки к школе,
трёхразовое питание.
Звоните по телефону:
701-03-60.

Лицей «Воробьёвы горы» — одно из старейших образовательных учреждений. Высокий уровень обучения позволяет нашим выпускникам без затруднений поступать в престижные вузы страны.
Углублённое изучение иностранных языков.
Тел.: 945-24-57.

**Частная школа «Знание»
1-11 классы**
Наполняемость классов – до 10 человек. Повышение уровня развития, успеваемости, укрепление здоровья. Поступление выпускников школы в ведущие вузы Москвы.
Ул. Каспийская, д. 28.
Тел.: 322-46-63.

Московский лицей «Ступени»
Базовая школа Высшей школы экономики.
Предлагает широкое гуманитарное образование, основанное на традициях российской культуры и духовности. 1-11 классы.
Тел.: 680-89-55.

Школа «Мыслитель»
Лауреат V Московской международной выставки «Школа-2001».
Набор в 1-11 классы. Хорошие знания, прекрасная экология.
Возможен полный пансион. Рядом с метро.
Тел.: 268-28-72.

Инструкция к выполнению задания 2

- Вам предлагается ситуация, относящаяся к социально-деловой сфере общения.
- Ваша задача – написать текст **официально-делового характера** в соответствии с представленной ситуацией и предложенным заданием.
- Время выполнения задания: **15 мин**
- Объём текста: **50-70 слов**

Задание 2. Представьте себе, что недавно во время отпуска Вы воспользовались услугами фирмы «Зодиак» и съездили в туристическую поездку. Поездка Вам не понравилась. Напишите жалобу на имя директора фирмы с указанием причин Вашего недовольства.

Инструкция к выполнению задания 3

- Вам предлагается ситуация, относящаяся к социально-бытовой сфере общения.
- Ваша задача – написать **неформальное письмо** в соответствии с представленной ситуацией и предложенным заданием.
- Время выполнения задания: **20 мин**.
- Объём текста: **100-150 слов**.

Задание 3. Представьте, что Вы давно работаете переводчиком в крупном издательстве. Сын Вашего друга, недавно окончивший школу и выбирающий профессию, обратился к Вам с просьбой рассказать о том, какие требования предъявляются человеку, желающему стать переводчиком.

В своём письме Вы должны охарактеризовать следующие качества переводчика:

— личные и деловые качества,

— уровень образования,

— уровень интеллектуального развития,

— профессионализм,

— владение иностранными языками,

— владение смежными профессиями и специальностями.

Субтест 5. ГОВОРЕНИЕ

Инструкция к выполнению теста

- Время выполнения теста: **до 50 мин.**
- Тест состоит из 3 частей, включающих 6 заданий (15 позиций).
- Все ваши высказывания записываются на диктофон.
- Пользоваться словарём не разрешается.

ЧАСТЬ I

Инструкция к выполнению задания 1 (позиции 1-4)

- Ваша задача – **поддержать диалог** в соответствии с заданием.
- **Задание выполняется без подготовки.**
- Время выполнения задания: **до 1,5 мин.**
- Количество предъявлений: **1**.
- Пауза для ответа: **15 сек.**

Задание 1 (позиции 1-4). Представьте себе, что Вы с другом (подругой) обсуждаете проблему выбора профессии. Вам очень нравится профессия врача, а Вашему другу (подруге) – нет. Ответьте ему (ей), используя антонимичные оценочные слова.

Инструкция к выполнению задания 2 (позиции 5-8)

- Ваша задача – ответить на реплики собеседника в соответствии с заданной ситуацией и указанным намерением.
- **Задание выполняется без подготовки.**
- Время выполнения задания: **до 1,5 мин.**
- Пауза для ответа: **15 сек.**

Задание 2 (позиции 5-8). Вы разговариваете с подругой, с которой Вы вместе готовите детский праздник. Отреагируйте на реплики собеседника, выражая заданное намерение.

Инструкция к выполнению задания 3 (позиции 9-12)

- Вам будут предъявлены 4 реплики в письменном виде.
- Ваша задача – воспроизвести реплики с интонацией, соответствующей намерению, которое предлагается собеседником.
- **Задание выполняется без подготовки.**
- Время выполнения задания: **до 1,5 мин.**

Задание 3 (позиции 9-12). Воспроизведите реплики с интонацией, соответствующей заданным намерениям:

9. — _____ .
   — Как вкусно // Никогда такого не пробовала //

10. — _____ .
    — Ну что ты шумишь // Мешаешь мне слушать //

11. — _____ .
    — Что там у тебя в сумке // Покажи мне //

12. — _____ .
    — Ну и что / что они не согласны // Мы и без них всё сделаем //

ЧАСТЬ II

Инструкция к заданию 4 (позиция 13)

- Задание 4 (позиция 13) выполняется после просмотра видеосюжета.
- Ваша задача – составить **подробный рассказ** об увиденном в соответствии с предложенным заданием.
- Количество предъявлений: **1.**
- Время на подготовку: **10 мин.**
- Время выполнения задания: **до 5 мин.**

Задание 4 (позиция 13). Просмотрев фрагмент фильма, расскажите об увиденном друзьям. Ваш рассказ должен включать описание:
   а) ситуации,
   б) действующих лиц,
а также объяснение, почему, по Вашему мнению, возникла такая ситуация.

Инструкция к выполнению задания 5 (позиция 14)

- Вы инициатор диалога. Ваша задача – **подробно расспросить** своего собеседника в соответствии с предложенным заданием.
- Время на подготовку: **3 мин.**
- Время выполнения задания: **до 5 мин.**

Задание 5 (позиция 14). Вы прочитали в газете объявление:

Танцуйте и будьте молодыми!
Аргентинское танго – идеальный способ поддержания ясности ума и координации движений у людей любого возраста. Приглашаем в танцевальную студию!
Занятия проводят опытные специалисты. Наша студия находится на Ленинском проспекте, в д. 68.
Звоните по тел.: 938-70-27.

Это объявление Вас заинтересовало. Позвоните по указанному телефону и расспросите обо всём как можно более подробно, чтобы решить, стоит ли Вам обращаться в эту фирму.

Инструкция к выполнению задания 6 (позиция 15)

- Вы должны принять участие в **обсуждении** определённой **проблемы**.
- Ваш собеседник – тестирующий.
- Ваша задача – в процессе беседы высказать и отстоять свою точку зрения по предложенному вопросу, адекватно реагируя на реплики тестирующего.
- **Задание выполняется без подготовки.**
- Время выполнения задания: **до 10 мин.**

Задание 6 (позиция 15). Примите участие в беседе на тему, предложенную тестирующим.

В процессе обсуждения Вы должны:
— высказать свое мнение, уточнить свое мнение,
— обосновать мнение,
— привести примеры,
— привести сравнение,
— высказать предположение,
— сформулировать вывод.

2부 정답 및 문제해설

정답

Субтест 1. ЛЕКСИКА. ГРАММАТИКА

КОНТРОЛЬНАЯ МАТРИЦА

МАКСИМАЛЬНОЕ КОЛИЧЕСТВО БАЛЛОВ ЗА ТЕСТ — 150

№	A	Б	В	Г		№	A	Б	В	Г
1	A	Б	**В**	Г		26	A	Б	**В**	Г
2	A	Б	В	**Г**		27	A	Б	**В**	Г
3	**A**	Б	В	Г		28	A	Б	В	**Г**
4	**A**	Б	В	Г		29	A	**Б**	В	Г
5	A	**Б**	В	Г		30	A	Б	В	**Г**
6	A	Б	В	**Г**		31	A	**Б**	В	Г
7	A	**Б**	В	Г		32	**A**	Б	В	Г
8	A	Б	**В**	Г		33	A	Б	**В**	Г
9	A	**Б**	В	Г		34	**A**	Б	В	Г
10	A	Б	В	**Г**		35	A	**Б**	В	Г
11	**A**	Б	В	Г		36	A	Б	**В**	Г
12	**A**	Б	В	Г		37	A	**Б**	В	Г
13	A	Б	**В**	Г		38	**A**	Б	В	Г
14	**A**	Б	В	Г		39	A	Б	**В**	Г
15	A	Б	В	**Г**		40	A	Б	В	**Г**
16	A	**Б**	В	Г		41	A	Б	В	**Г**
17	A	Б	**В**	Г		42	A	**Б**	В	Г
18	A	**Б**	В	Г		43	A	Б	**В**	Г
19	A	Б	В	**Г**		44	**A**	Б	В	Г
20	**A**	Б	В	Г		45	A	Б	В	**Г**
21	A	**Б**	В	Г		46	**A**	Б	В	Г
22	A	**Б**	В	Г		47	A	Б	В	**Г**
23	**A**	Б	В	Г		48	A	**Б**	В	Г
24	A	Б	**В**	Г		49	A	Б	**В**	Г
25	**A**	Б	В	Г		50	A	**Б**	В	Г

№	А	Б	В	Г
51	**А**	Б	В	Г
52	А	Б	В	**Г**
53	А	**Б**	В	Г
54	**А**	Б	В	Г
55	А	Б	**В**	Г
56	А	Б	**В**	Г
57	А	**Б**	В	Г
58	А	Б	В	**Г**
59	А	Б	В	**Г**
60	**А**	Б	В	Г
61	А	Б	**В**	Г
62	А	Б	В	**Г**
63	А	**Б**	В	Г
64	А	Б	В	**Г**
65	А	**Б**	В	Г
66	**А**	Б	В	Г
67	А	Б	**В**	Г
68	А	Б	**В**	Г
69	**А**	Б	В	Г
70	А	Б	В	**Г**
71	А	Б	**В**	Г
72	**А**	Б	В	Г
73	А	**Б**	В	Г
74	А	**Б**	В	Г
75	А	Б	В	**Г**

№	А	Б	В	Г
76	А	**Б**	В	Г
77	А	Б	В	**Г**
78	**А**	Б	В	Г
79	А	**Б**		
80	А	**Б**		
81	А	**Б**		
82	А	**Б**		
83	**А**	Б		
84	**А**	Б		
85	А	**Б**		
86	**А**	Б		
87	**А**	Б		
88	А	**Б**		
89	**А**	Б		
90	**А**	Б		
91	**А**	Б		
92	А	Б	В	**Г**
93	А	Б	**В**	Г
94	А	**Б**	В	Г
95	А	Б	**В**	Г
96	**А**	Б	В	Г
97	А	Б	В	**Г**
98	А	Б	В	**Г**
99	А	Б	**В**	Г
100	**А**	Б	В	Г

101	А	**Б**	В	Г
102	А	Б	**В**	Г
103	**А**	Б	В	Г
104	А	**Б**		
105	А	**Б**		
106	**А**	Б	В	Г
107	А	Б	В	**Г**
108	А	Б	В	**Г**
109	А	Б	**В**	Г
110	А	Б	В	**Г**
111	**А**	Б	В	Г
112	А	Б	**В**	Г
113	А	**Б**	В	Г
114	А	Б	В	**Г**
115	**А**	Б	В	Г
116	А	**Б**	В	Г
117	А	Б	В	**Г**
118	А	**Б**	В	Г
119	А	Б	**В**	Г
120	**А**	Б	В	Г
121	**А**	Б	В	Г
122	А	Б	В	**Г**
123	А	Б	**В**	Г
124	**А**	Б	В	Г
125	А	**Б**	В	Г

126	А	**Б**	В	Г
127	А	Б	В	**Г**
128	А	Б	**В**	Г
129	А	Б	В	**Г**
130	А	Б	В	**Г**
131	**А**	Б	В	Г
132	А	Б	В	**Г**
133	А	**Б**	В	Г
134	А	Б	**В**	Г
135	А	**Б**	В	Г
136	А	Б	В	Г
137	**А**	Б	В	Г
138	А	Б	**В**	Г
139	А	Б	В	**Г**
140	А	Б	**В**	Г
141	**А**	Б	В	Г
142	А	**Б**	В	Г
143	А	**Б**	В	Г
144	А	Б	В	**Г**
145	А	Б	**В**	Г
146	**А**	Б	В	Г
147	**А**	Б	В	Г
148	А	Б	**В**	Г
149	А	**Б**	В	Г
150	**А**	Б	В	Г

Субтест 2. ЧТЕНИЕ

МАКСИМАЛЬНОЕ КОЛИЧЕСТВО БАЛЛОВ ЗА ТЕСТ —150

№			
1	А	Б	**В**
2	А	**Б**	В
3	А	**Б**	В
4	А	Б	**В**
5	**А**	Б	В
6	А	**Б**	В
7	А	Б	**В**
8	**А**	Б	В
9	А	Б	**В**
10	**А**	Б	В
11	**А**	Б	В
12	А	**Б**	В
13	А	Б	**В**
14	А	**Б**	В
15	**А**	Б	В
16	**А**	Б	В
17	А	**Б**	В
18	А	Б	**В**
19	А	Б	**В**
20	**А**	Б	В
21	**А**	Б	В
22	А	Б	**В**
23	А	**Б**	В
24	**А**	Б	В
25	А	**Б**	В

Субтест 3. АУДИРОВАНИЕ

МАКСИМАЛЬНОЕ КОЛИЧЕСТВО БАЛЛОВ ЗА ТЕСТ — 150

№	А	Б	В
1	А	**Б**	В
2	**А**	Б	В
3	А	**Б**	В
4	А	Б	**В**
5	А	**Б**	В
6	**А**	Б	В
7	А	Б	**В**
8	А	Б	**В**
9	А	**Б**	В
10	**А**	Б	В
11	А	Б	**В**
12	А	**Б**	В
13	А	Б	**В**
14	**А**	Б	В
15	А	Б	**В**
16	А	**Б**	В
17	**А**	Б	В
18	**А**	Б	В
19	А	Б	**В**
20	А	Б	**В**
21	**А**	Б	В
22	А	Б	**В**
23	А	**Б**	В
24	А	**Б**	В
25	**А**	Б	В

Субтест 1. ЛЕКСИКА. ГРАММАТИКА (어휘, 문법)

〈테스트 중 지켜야 할 사항〉

- 시험 시간은 90분입니다.
- 시험은 네 부분으로 되어 있으며, 총 150 문항입니다.
- 시험 중 사전을 이용할 수 없습니다.
- 시험지의 왼쪽에는 문제 번호와 표현이 주어져 있고, 오른쪽에는 보기가 나열되어 있습니다. 정답이 되는 알파벳을 골라 답안지에 표시하세요.

예를 들면:

　（Б – 정답）

답을 수정할 경우, 아래와 같이 고치세요.

　（В – 오답, Б – 정답）

ЧАСТЬ I

(문제 1~32) 보기에서 정답을 고르세요.

01

'~분야 전문가'는 специалист по чему(3)라고 표현한다.

- [어휘] специалист 전문가 / подготовка 준비, 양성 / программист 프로그래머
- [해석] 빠벨은 프로그래머를 양성하는 훌륭한 전문가가 되었다.
- [정답] В

02

'놀라서'는 от удивления로 표현한다.

- [어휘] удивление 놀람 / остановиться 멈추다, 멈춰 서다
- [해석] 그의 말을 듣고 나는 놀라서 그 자리에 멈춰 섰다.
- [정답] Г

03

주어진 문장은 '견학을 가지 않고 공원에 갔다'라는 뜻으로 추측이 가능하다. 한편, вместо, для, из-за 모두 생격을 요구하는 전치사이다.

[어휘]   вместо ~대신에 / для ~를 위하여 / из-за ~때문에
[해석]   우리는 견학 대신 공원에 갔다.
[정답]   А

04

'급하게 호출하다'라는 의미에 적합한 부사는 срочно이다.

[어휘]   вызвать 호출하다
[해석]   토요일에 사장님이 전화해서 나를 급하게 회사로 호출하였다.
[정답]   А

05

부사 достаточно와 결합할 수 있는 '상당히'라는 뜻을 가진 부사를 고르는 문제이다. вполне достаточно라고 쓰인다.

[어휘]   достаточно 충분하다 / вполне 충분히 ~하다 / целиком (+поддерживать кого-либо) 온전히, 전적으로 (지지하다) / полностью (+согласен с кем-либо) 전적으로 (동의하다)
[해석]   우리에게 돈은 충분하다. 이 원피스를 살 돈은 된다.
[정답]   Б

06

'잘 우는, 울보의'라는 뜻을 가진 단어를 찾는 문제이다.

[어휘]   всё время 늘 / плачевный (+результат) 서글픈, 비참한 (결과) / заплаканный (+лицо) 울었던 흔적이 역력한 (얼굴) / плачущий 동사 плакать의 능동형동사 현재형 / плаксивый (+ребёнок) 잘 우는 (아이)
[해석]   이 아이는 정말 대단한 울보구나! 늘 울음이 그치질 않으니!
[정답]   Г

07

'연인 관계가 아니라 친구일 뿐'이라는 표현에서 '친구의'는 дружеский이다.

[어휘]   дружественная (+политика) 우호적인 (정치) / дружеский 우정에 입각한 / дружный (+семья) 화목한 (가정) / дружелюбный (+отношение) 우정 어린 태도로 대하는 (관계)

[해석] 아니, 아니야, 사랑은 무슨, 우린 그냥 친구일 뿐이라구!
[정답] Б

08

주어진 형용사 가운데 성격을 설명할 수 있는 것은 лёгкий뿐이다.

[어휘] понятный (выражение) 이해되는 (표현) / нетрудный (спуск с горы) (하산하는 것이)어렵지 않은 / лёгкий 쉬운, 성격이 원만한 / безопасный 안전한
[해석] 안드레이는 성격이 좋아서 같이 있으면 기분이 좋아지는 사람이다.
[정답] В

09

음악회가 끝나고 나서 한참 동안 잠을 이루지 못한 사람은 '감수성이 풍부한' 사람이다.

[어휘] внимательный 세심한 주의를 기울이는 / впечатлительный 감수성이 풍부한 / эффектный (+игра на скрипке) 강한 감동을 주는 (바이올린 연주) / восхитительный (+музыка) 감탄을 자아내는 (음악, 연주)
[해석] 내 아들은 어찌나 감수성이 풍부한지 음악회가 끝나고 나서도 한참 동안 잠을 이루지 못했다.
[정답] Б

10

노동이 힘들다는 표현에는 тяжёлый가 적합하다.

[어휘] яркий (표현 면에서) 강렬한 감동을 불러일으키는 / крепкий (+здоровье) 튼튼한 (건강) / сильный (+человек) 강한 (사람) / трудный (+задача) 어려운 (문제)
[해석] 이 저자가 광부의 힘든 노동을 얼마나 강렬하게 묘사했던가!
[정답] Г

11

빈 칸에 알맞은 단어는 '교환'이다.

[어휘] взамен 대신에, 교환으로 / неравноценный 공평하지 않은 / замена 대체, 교환 / подмена 몰래 바꿔치기 하는 것 / перемена 쉬는 시간 / заменяемость 대체성
[해석] 막심은 내 우표를 마음에 들어 했고, 교환의 대가로 자신의 것을 제안했지만, 이건 공평하지 않은 교환이었다.
[정답] А

12

방이 작게 느껴지는 상황에서 할 수 있는 조치는 '가구의 재배치'이다.

[어휘] перестановка 재배치 / подстановка [수학] 치환 / обстановка (가구 등이 배치된) 상황 / установка 설치

[해석] 우리 방은 너무 작게 느껴져서 가구를 재배치해야 한다.

[정답] А

13

형용사 веский(무거운, 유력한, 설득력 있는)와 결합할 수 있는 명사를 고르는 문제이다.

[어휘] причина 원인 / пример 예, 보기 / довод 논증, 주장 / условия 조건

[해석] 왜 넌 이번 일에 대하여 그렇게 확신하지? 설득력 있는 너의 주장이 듣고 싶어지는군.

[정답] В

14

동사 вспоминать의 목적어가 될 수 있는 단어는 учёба이다.

[어휘] учёба 학업 / образование 교육 (система образования 교육 제도) / обучение 교육 (срок обучения 교육 기간) / изучение 공부 (изучение языка 어학 공부)

[해석] 베라는 지금까지 대학교 다닐 때 배운 내용을 즐겨 떠올린다.

[정답] А

15

문맥상 '보장하다'라는 표현이 적합하며, 이는 давать гарантию이다.

[어휘] (выполнить) обещание 약속을 (지키다) / уверенность в чём ~에 대한 확신 / гарантия 보장

[해석] 모든 은행은 계좌의 기밀 유지를 보장해야 한다.

[정답] Г

16

문맥상 '모든 사람에게'라는 뜻을 가진 каждому가 적합하다.

[어휘] всякий (человек) 누구나 / любой (человек) 아무나 / сам 직접

[해석] 오늘 모두 10시까지 올 것이다. 내가 모두에게 전화했다.

[정답] Б

17

약속 장소에 나타나지 않은 이유를 알 수 없는 경우이므로, почему-то가 적합하다.

- **[어휘]** почему-либо, почему-нибудь 이유가 어찌 되었건
- **[해석]** 어제 우리는 만나기로 약속했지만, 웬일인지 그녀는 오지 않았다.
- **[정답]** В

18

высшее образование를 목적어로 사용할 수 있는 동사는 получить이다.

- **[어휘]** закончить 마치다 / получить 받다 / взять 빌리다, (음식을) 시키다
- **[해석]** 아르쫌은 좋은 대학교에서 교육을 받았다.
- **[정답]** Б

19

새 장롱을 사고 나서 하는 일은 선반마다 나눠서 물건을 배치하는 것이다. 따라서 '물건을 나눠서 놓다'라는 뜻을 가진 동사 разложить가 적합하다.

- **[어휘]** приложить 보충하다 / переложить 옮기다 / наложить 많이 놓다 / разложить 물건을 나눠서 놓다
- **[해석]** 사샤에게 새 장롱을 사 주자, 그는 모든 물건을 여러 선반에 나눠서 배열했다.
- **[정답]** Г

20

주어진 단어 кредит를 목적어로 사용할 수 있는 동사는 предоставлять이다.

- **[어휘]** предоставлять ~을 내주다, 사용을 허락하다 / предъявлять 제시하다 (предъявлять справку о болезни 진단서를 제시하다) / представлять 제시하다 (представлять доказательства 증거를 제시하다) / выставлять 앞으로 혹은 밖으로 보이게 내놓다
- **[해석]** 이 은행은 큰 기관들에만 대출을 해 준다.
- **[정답]** А

21

'이자를 지불하다'라는 표현에 대한 문제이며, 주어진 단어 проценты를 목적어로 사용할 수 있는 동사는 выплатить이다.

- **[어휘]** заплатить 지불하다 / выплатить (이자 등을) 지불하다 / доплатить 잔금을 치르다 / приплатить 추가로 지불하다

[해석] 이반 일리치는 자신이 거래하는 은행에 만족한다. 연말이면 은행 측에서 그에게 꽤 많은 이자를 지급하기 때문이다.
[정답] Б

22

'잔돈으로 바꾸다'라는 뜻을 가진 동사 разменять가 적합하다.

[어휘] обменять 환전하다 / разменять 잔돈으로 바꾸다 / поменять (구매한 물건을) 교환하다 / заменить 대체하다
[해석] 저는 잔돈이 없습니다. 돈 좀 바꿔 주세요.
[정답] Б

23

'썰매를 태워 주다'라는 동사는 катать (НСВ)–катить (СВ)이다. 주어진 문장에서는 반복적 행위를 나타내는 불완료상 동사가 필요하므로 정답은 катать 동사를 활용한 А이다.

[해석] 겨울에 바짐은 여동생에게 썰매를 즐겨 태워 준다.
[정답] А

24

'누군가를 교통수단을 이용해서 실어 나른다'는 뜻을 가진 동사는 возить이다.

[어휘] возить (교통 수단으로) 실어 나르다 / водить 데리고 가다
[해석] 따마라는 매년 아이들을 바다에 데리고 간다.
[정답] В

25

'살림을 하다'라는 표현에 필요한 동사는 вести이다.

[어휘] вести 데리고 가다 / нести 가지고 가다 / хозяйство 살림
[해석] 우리 집에서는 누나가 살림을 한다.
[정답] А

26

'생각이 딴 데 있다'라는 표현에 쓰이는 동사를 찾는 문제이며, 동사 бродить가 적합하다.

[어휘] мысли бегают 초조해하다 / мысли плавают 확신이 안 들다

[해석] 그는 내 말을 듣지 않고 전혀 다른 생각을 하고 있었다.
[정답] В

27

'안쪽으로 (깊숙이) 들어오다'라는 뜻을 나타낼 때 적합한 동사는 проходить이다.

[해석] 입구 쪽에 서 있지 마세요! 열차 가운데로 들어오세요!
[정답] В

28

'다녀오다'라는 뜻을 가진 сходить가 적합하다.

[어휘] приходил 왔었다 / походил 좀 걸었다 / проходил 지나갔었다 / сходил 갔다 왔다
[해석] 지마는 벌써 가게에 가서 식료품을 사 왔다.
[정답] Г

29

주어진 книги, библиотека와 함께 자연스럽게 쓰일 수 있는 동사는 отнести이다.

[어휘] вынести (밖으로) 갖고 나가다 / донести (~까지) 갖고 가다 / внести (안으로) 들고 들어가다
[해석] 이 책들은 이제 더 이상 필요 없으니 도서관에 반납해 주세요.
[정답] Б

30

'이성을 잃다'라는 표현에는 동사 выйти가 적합하다.

[어휘] успокоиться 진정하다 / вылезти (기어서) 나가다
[해석] 안드레이는 완전히 이성을 잃고 오랫동안 진정하지 못했다.
[정답] Г

31

'기여하다'라는 표현에는 동사 внести가 적합하다.

[어휘] развитие 발전 / ввести 들여보내다
[해석] 이 학자는 물리학 발전에 큰 기여를 했다.
[정답] Б

32

'목소리가 들린다'는 표현에는 동사 долетать가 적합하다.

[어휘] долетать (공기 중에) ~가 퍼지다 / прилетать (날아서) 도착하다 / добегать (뛰어서) ~까지 가다 / приносить (~을) 가지고 오다
[해석] 공원은 조용했고, 누군가의 목소리만 멀리서 들릴 뿐이었다.
[정답] A

ЧАСТЬ II

(33~91) 정답을 고르세요.

33

укачать(흔들어서 자게 만들다)는 대격을 목적어로 하는 동사이다.

[해석] 흔들리는 차 속에서 아이는 스르르 잠들었다.
[정답] Б

34

'~에게 어렵다'는 трудный для кого(2)로 표현한다.

[해석] 이 문제는 내가 풀기에는 어렵다.
[정답] A

35

'확신이 들다'라는 뜻을 가진 동사 убедиться는 в чём(6)을 필요로 한다.

[해석] 나는 동생(형)이 나를 속이는 것이 아니라는 확신이 들었다.
[정답] Б

36

'~동안'은 в течение чего(2)라고 표현한다.

[어휘] прибыль 순수익
[해석] 지난 달에만 공장의 순수익률은 20%에 달했다.
[정답] В

37

вследствие(~의 결과)는 чего(2)을 필요로 한다.

[어휘] тяжёлая болезнь 중병
[해석] 수석 연구원은 몸이 많이 아파서 이 프로젝트를 끝내지 못했다.
[정답] Б

38

виноват(~에 잘못이 있다)는 в чём(6)을 필요로 한다.

[해석] 나는 올렉이 아무런 잘못이 없다는 것을 확실히 알고 있다.
[정답] А

39

주어진 문장에서는 서술어가 동사 원형으로 표현되어 있으며, 이때 행위의 주체는 여격으로 표현한다.
'Этот текст никому из нас не перевести.'는 'Никто из нас не может перевести этот текст.'와 의미가 같다.

[해석] 우리 중에 이 텍스트를 번역할 수 있는 사람은 아무도 없다.
[정답] В

40

'예의상'은 из уважения라고 표현한다.

[어휘] с уважением 존경심을 갖고서 (относиться с уважением 존경심을 갖고 대하다) / от уважения 존경으로부터 (от уважения до грубости 존경심과 무례함 사이)
[해석] 저는 정말 예의상 동의한 것일 뿐입니다.
[정답] Г

41

'샴페인 병'을 표현하기 위해서는 '~용도로 만들어진'이라는 의미를 가진 전치사 из-под чего(2)가 적합하다.

[해석] 꽃을 꽂기 위해서 유라는 빈 샴페인 병을 집어 들었다.
[정답] Г

42

주격인 сам과 함께 쓰일 수 있는 주격 주어가 적합하다.

[어휘] представиться 자기 소개하다 / коллектив 직원 일동
[해석] 새로 온 동료는 직접 우리에게 자기 소개를 했다.
[정답] Б

43

подальше는 от чего-кого(2)와 함께 '~에서 상당히 멀리'라는 의미를 나타낸다.

[어휘] простудиться 감기에 걸리다
[해석] 감기에 안 걸리려고 레나는 창문 쪽에서 가능한 멀리 떨어져서 앉았다.
[정답] В

44

'어떤 나이에'라는 표현은 в каком возрасте이다.

[어휘] загорать 일광욕하다
[해석] 네 나이에는 그렇게 심하게 일광욕할 필요가 없을 것 같아.
[정답] А

45

동사 угощать는 кого(4) чем(5)을 필요로 하며, '(대격)에게 (조격)을 대접하다'라는 의미를 나타낸다. 대격 нас는 주어져 있으므로 조격이 필요하다.

[어휘] банкет 연회 / угощать 대접하다
[해석] 연회에서 우리는 캐비어를 대접받았다.
[정답] Г

46

동사 сочувствовать는 чему(3)를 필요로 한다.

[어휘] искренне 진심으로 / сочувствовать ~해서 유감이다 / горе 슬픔
[해석] 제가 어떻게 도우면 될까요? 당하신 일은 진심으로 유감입니다.
[정답] А

47

동사 видеться는 с кем(5)을 필요로 한다.

[어휘] школьный товарищ 학교 친구
[해석] 나는 학교 친구와 못 본 지 오래됐다.

[정답] Г

48

동사 возражать는 кому-чему(3)를 필요로 한다.

[어휘] возражать 반대하다 / собеседница 상대방 여자(같이 대화하는 여자)
[해석] 보리스는 상대방의 의견에 반대하지 않기로 결심했다.
[정답] Б

49

동사 выслушать는 кого(4)를 필요로 한다.

[어휘] выслушать ~의 말을 끝까지 듣다
[해석] 니나, 넌 우선 네 오빠의 말을 끝까지 들어 봐야 해.
[정답] В

50

동사 предупреждать는 кого(4) о чём(6)를 필요로 한다.

[어휘] эколог 생태학자 / предупреждать 미리 경고하다, 예고하다 / серьёзная опасность 심각한 위험성
[해석] (신문의) 기사에서 생태학자들은 심각한 위험성을 경고하고 있다.
[정답] Б

51

동사 пахнуть는 чем(5)을 필요로 한다.

[어휘] пахнуть ~냄새가 나다
[해석] 병원 복도에서 특정 약 냄새가 심하게 났다.
[정답] А

52

'~에 대해 미안하다'는 извиниться за что(4)로 표현한다.

[어휘] извиниться за что(4) ~에 대해 미안해 하다 / опоздание 지각
[해석] 이고리는 지각을 했고 한참 동안 미안해 했다.
[정답] Г

53

동사 вызвать는 кого-что(4)를 필요로 한다.

[어휘] вызвать скорую помощь 구급차를 부르다
[해석] 엄마가 아프셔서 우리는 구급차를 불렀다.
[정답] Б

54

'~열 티켓'은 в какой ряд билеты로 표현한다.

[어휘] повезло 운이 좋았다 / второй ряд 2열
[해석] 나는 운이 좋게도 2열 표를 살 수 있었다.
[정답] А

55

'용도'는 전치사 на что(4)를 사용하여 표현한다.

[어휘] взять кредит 대출받다
[해석] 우리는 은행에서 아파트 수리비를 대출받았다.
[정답] В

56

'~에게서 …을 훔치다'는 украсть что(4) у кого(2)로 표현한다.

[어휘] украсть у~ ~한테서 훔치다
[해석] 이건 그의 아이디어가 아니라 이고리 뻬뜨로비치한테서 훔쳐온 것이다.
[정답] В

57

우유의 전부가 아닌 일부를 따라 달라는 의미이므로 부분 생격이 필요하다.

[어휘] налить 따르다, 붓다
[해석] 뜨거운 우유 좀 따라 주세요.
[정답] Б

58

'~에 우연히 오게 되다'는 оказаться где이다.

[어휘] оказаться (갑자기 혹은 우연히) ~에 와 있다, ~에 오게 되다
[해석] 우리도 모르는 사이에 낯선 장소에 와 있었다.
[정답] Г

59

машина брата, квартира отца처럼 '사장님의 공'은 заслуга 뒤에서 생격으로 수식한다.

[어휘] достигнутый 달성된 / результат 결과 / целиком 온전히 / заслуга 공, 업적
[해석] 달성된 결과는 온전히 새로 오신 사장님의 공이다.
[정답] Г

60

'~에게 서운해 하다'는 обижаться на кого(4)로 표현한다.

[어휘] справедливый 공정한 / критика 비평
[해석] 공정한 비평에 서운해 해서는 안 된다.
[정답] А

61

'~을 소유하다, 능숙하게 구사하다'는 владеть чем(5)으로 표현한다.

[어휘] владеть (языком, состоянием) 자유자재로 구사하다, 소유하다
[해석] 몇몇 신문들에 이 사업가가 상당한 재력가라는 기사가 실렸다.
[정답] В

62

살이 빠진 정도는 на сколько로 표현한다.

[어휘] похудеть 살이 빠지다
[해석] 올가가 살이 몇 킬로그램이 빠졌는데, 못 알아볼 정도였다.
[정답] Г

63

'~을 언제 하기로 하다'는 запланировать на какой день(4)으로 표현한다.

[어휘] поездка 여행 / запланировать что ~을 계획하다
[해석] 우리는 수즈달 여행을 금요일에 가기로 계획했다.
[정답] Б

64

'몇 일부터 몇 일까지'는 с какого числа(2) по какое число(4)로 표현한다.

[어휘] командировка 출장
[해석] 안드레이는 2일부터 7일까지 출장을 다녀왔다.
[정답] Г

65

'밤에'는 вечером이며 남성 단수 조격의 형태를 띠고 있으므로, 수식하는 летний도 동일하게 격변화해야 한다.

[어휘] чудесно 멋지다
[해석] 여름밤에 바닷가를 거니는 것이 얼마나 멋진가!
[정답] Б

66

몇 년이란 기간 동안 한 번의 만남이 일어난 것이므로, 행위나 사건이 발생하는 기간을 나타내는 전치사 за가 적합하다.

[해석] 몇 년 만에 우리는 처음으로 만난 것이었다.
[정답] А

67

'~에 대해 거론하다'는 касаться чего(2)라고 표현한다.

[어휘] прошу кого + инф. ~에게 …를 부탁합니다 / касаться чего ~를 거론하다
[해석] 더 이상 이런 이야기는 하지 말아 줬으면 좋겠어.
[정답] В

68

'~에 쓰려고 돈을 따로 모아 두다'라는 표현은 на что(4)를 필요로 한다.

[어휘] откладывать деньги на что(4) ~에 쓰려고 돈을 따로 모아 두다 / внеплановые расходы 예상치 못한 지출

[해석] 내 남편은 예상치 못한 지출을 대비해 돈을 모아두고 있다.
[정답] Б

69

доверять (신뢰하다) 동사는 кому(3)를 필요로 한다.

[어휘] доверять кому - чему(3) ~를 신뢰하다
[해석] 우리 할머니는 젊은 의사들을 신뢰하지 못한다.
[정답] А

70

'~로 유명하다'라는 표현은 что(5)를 필요로 한다.

[어휘] известен чем(5) ~로 유명하다 / смелое выступление 과감한 연설
[해석] 이 정치인은 과감한 연설을 하기로 유명하다.
[정답] Г

71

сложено(피동형동사 과거 단어미형)이 서술어로 쓰였고, 주어로는 'много песен'이 적합하다.

[어휘] сложено 쓰여졌다
[해석] 사랑에 대해서 많은 노래가 쓰여졌다.
[정답] В

72

'~에 대해 후회하다'는 жалеть о чём(6)이라고 표현한다.

[어휘] психолог 심리학자 / советовать кому(3) + инф. ~에게 …를 조언하다 / совершённые поступки 이미 해 버린 일
[해석] 심리학자들은 이미 한 일에 대해 후회하지 말라고 조언한다.
[정답] А

73

'운동동사 + 동사원형'으로 운동의 목적을 나타낸다.

[어휘] спешить 서두르다 / всё-таки 그럼에도 불구하고
[해석] 안톤은 시간에 쫓기긴 했지만, 그래도 점심 식사를 하기 위해 카페에 잠깐 들렀다.

[정답] Б

74

'10명 이상이 모였다'에서 больше 10 человек은 전체를 하나로 보기 때문에 과거시제일 경우 동사는 중성 단수형을 쓴다.

[해석] 버스 정류장에 10명 이상의 사람들이 모였다.
[정답] Б

75

주어가 남성 명사 ряд이므로 서술어는 남성 단수형인 подтверждён이 적합하다.

[어휘] ряд 상당수 / вывод 결론 / подтверждён 검증되었다
[해석] 나는 당신이 내린 많은 결론들이 아직 검증이 필요하다는 것을 알고 있다.
[정답] Г

76

техническим университетом라는 조격이 주체로 쓰인 경우이며, 빈칸에는 서술어가 필요하다. 따라서 피동형동사 단어미형이 적합하다.

[어휘] международная конференция 국제 학회 / технический университет 공과대학교
[해석] 국제 학회는 한 공과대학교에 의해 주최되었다.
[정답] Б

77

동사 значит을 기점으로 양쪽에 모두 동사원형이 들어가는 것이 적합하다.

[어휘] промолчать (일정한 시간 동안) 침묵하다 / преступник 범죄자
[해석] 이 일에 대해 침묵하는 행위는 범죄자를 돕는 것과 같다.
[정답] Г

78

해당 문장에서 부동사구와 주절의 행위는 동시에 일어날 수 없으므로 완료상 부동사가 적합하다.

[해석] 별장으로 떠난 후로 보리스로부터 연락이 끊겼다.
[정답] А

79

уже는 주로 완료상 동사들과 함께 쓰인다. 동사 укладывать는 '정리해서 넣고 있다', '정리하곤 한다'라는 뜻을 갖고 있으므로 уже와 함께 쓰기 어색하다.

[어휘] уложить что(4) ~을 정리해서 넣다
[해석] −너 휴가 언제 떠나니?
        −내일. 벌써 짐 다 싸 놨어.
[정답] Б

80

불가능은 'не + 완료상'으로 표현한다.

[해석] 이 책은 이미 오래전에 나왔으며, 서점에선 더 이상 구할 수도 없다.
[정답] Б

81

불가능은 'невозможно + 완료상'으로 표현한다.

[해석] 샐러드가 너무 많아! 이걸 어떻게 다 먹지?
[정답] Б

82

успеть 뒤에는 완료상 동사원형이 와야 한다.

[어휘] к сожалению 유감스럽게도 / успеть 다 해 내다 / перенос (견학이나 수업 일정 등의) 변경
        предупреждать(НСВ)−предупредить(СВ) ~을 미리 알려 주다
[해석] 유감스럽게도 나는 모두에게 견학 일정 변경을 알려 주진 못했다.
[정답] Б

83

'этот случай'를 통해 구체적인 한 번의 상황이라는 것을 알 수 있다. 따라서 완료상 동사가 적합하다.

[어휘] этот случай 이번 일 / влиять(НСВ)−повлиять(СВ) на кого-что(4) ~에 영향을 끼치다
[해석] 이번 일은 우리 관계에 전혀 영향을 주지 않았다.
[정답] А

84

'Уже 8 часов! Ты опоздаешь!'라는 문장 뒤에는 의미상 '재촉'을 나타내는 표현이 필요하다는 것을 알 수 있으며, 명령형에서 '재촉의 표현'에는 불완료상이 쓰인다.

[해석] 벌써 8시라니! 너 늦겠어! 어서 일어나!
[정답] А

85

한 번의 상황에 대한 명령이므로 완료상이 적합하다.

[어휘] причёсываться–причесаться 빗질로 머리를 정돈하다 / а то 안 그러면
[해석] 머리가 정리가 안 돼 보여. 빗질 좀 해.
[정답] Б

86

'열었었던' 행위에 대한 질문이므로 불완료상을 써야 한다.

[해석] – 여기가 왜 이렇게 춥지?
　　　　– 미안해, 내가 얼마전에 창문을 열었다가 닫았거든.
[정답] А

87

'после концерта'라는 것은 한 번의 음악회 이후, 즉, 한 번 있었던 일에 대한 내용이므로 완료상이 적합하다.

[어휘] провожать(НСВ)–проводить(СВ) кого(4) ~를 배웅하다, 바래다주다
[해석] 음악회가 끝난 후에 비쨔는 꼭 니나를 집까지 바래다줄 것이다.
[정답] А

88

경고나 주의를 주려는 경우를 제외한 나머지 부정문에서는 주로 불완료상을 사용한다.

[어휘] кипятить–вскипять что(4) 끓이다
[해석] 이라, 우유를 끓이지 말아 줘. 나는 생우유가 좋아.
[정답] Б

89

경고나 주의를 주려는 경우를 제외한 나머지 부정명령문에서는 경우 주로 불완료상을 사용한다.

[어휘] несъедобный 식용이 아닌
[해석] 지마, 이 버섯은 따지 마! 식용이 아니야!
[정답] А

90

부정명령문에서 '경고'를 표현할 때는 완료상을 쓴다.

[어휘] скользко 미끄럽다 / упасть (아래로) 떨어지다
[해석] 여긴 너무 미끄러우니까 넘어지지 않게 조심해!
[정답] А

91

주절이 '주어 + 서술어(과거형) + бы'으로 표현된 경우, 종속절에는 완료상 동사의 명령형이 필요하다. 이때 종속절은 если бы가 들어간 가정법 문장으로 전환이 가능하다.
Не напомни мне Игорь о празднике, я бы не купил подарок сестре.
=Если бы Игорь мне не напомнил о празднике, я бы не купил подарок сестре.

[어휘] напомнить кому о чём ~에게 ~를 상기시키다
[해석] 이고리가 나한테 명절 이야기를 상기시켜 주지 않았으면, 나는 누이에게 줄 선물을 못 샀을 것이다.
[정답] А

(문제 92~103) 굵게 표시된 부분과 비슷한 의미의 표현을 고르세요.

92

оставленный와 같은 피동형동사 과거형이 쓰인 형동사 구문을 который절로 전환할 때는 который의 대격을 사용하며, 형동사와 동일한 과거 시제로 표현한다.

[어휘] администрация (극장 등의) 관리자 / нести ответственность за что(4) ~에 대한 책임을 지다
[해석] 극장 측은 건물 내에서 분실한 물건에 대한 책임을 지지 않는다.
[정답] Г

93

исполняющий와 같은 능동형동사 현재형이 쓰인 형동사 구문을 который절로 전환할 때, который는 주격을 사용하며, 시제는 형동사와 동일한 시제를 사용한다.

[어휘] исполнять что(4) (노래 등)을 부르다, 연주하다
[해석] 슈낀이 대중적인 노래를 부르는 가수라는 것을 모르는 사람은 없다.
[정답] В

94

выдаваемый와 같은 피동형동사 현재형이 쓰인 형동사 구문을 который절로 전환할 때, который는 대격을 사용하며, 시제의 변화는 없다.

[어휘] выдавать 제공하다
[해석] 안내 사무소에서 제공되는 정보는 유료이다.
[정답] Б

95

которые가 주격이므로 능동형동사로 전환하며, загрязняют이 현재시제이므로 형동사의 현재형을 쓰는 것이 적합하다.

[어휘] загрязнять что(4) ~을 오염시키다
[해석] 환경을 오염시키는 공장들을 지어서는 안된다.
[정답] В

96

которые가 대격이므로 피동형동사를, посадила가 과거시제이므로 과거형을 써야 한다. 따라서 피동형동사 과거형인 посаженные가 적합하다.

[어휘] посадить что ~을 심다
[해석] 이라가 심은 꽃은 굉장히 예쁘다.
[정답] А

97

которые가 대격이므로 피동형동사를, выбросили가 과거시제이므로 과거형을 써야 한다. 따라서 피동형동사 과거형인 выброшенные가 적합하다.

[어휘] выбросить что(4) ~을 버리다
[해석] 집 뒤에서 우리는 이웃들이 버린 물건들을 발견했다.
[정답] Г

98

которую가 대격이므로 피동형동사를, подсказал이 과거시제이므로 과거형을 쓰는 것이 적합하다.

[어휘] удачно 성공적으로 / реализовать 실현하다 / подсказать что(4) ~힌트를 주다
[해석] 나는 아버지가 나한테 힌트를 주신 아이디어를 성공적으로 현실화할 수 있었다.
[정답] Г

99

불완료상 부동사 구문이므로 주절과 시제가 일치해야 하며, 이때 동사의 상도 동일해야 한다.

[어휘] обдумывать что(4) ~을 머리 속으로 따져 보다, 생각해 보다
[해석] 미래에 대한 생각을 하며 이런 저런 계획을 짜는 동안 부모님을 잊어서는 안됩니다.
[정답] В

100

의미상 когда절이 적합하며, 시제는 주절과 동일해야 한다.

[어휘] нарушать правила движения 교통 법규를 어기다/ создать ситуацию 상황을 초래하다
[해석] 교통 법규를 어길 때 운전자는 도로에서 위험한 상황을 초래한다.
[정답] А

101

문맥상 이유를 나타내는 접속사가 들어간 종속절이 적합하다.

[해석] 빠벨은 사랑하는 여가수의 콘서트에 가 보는 것이 꿈이었기 때문에 뻬쩨르부르그까지 왔다.
[정답] Б

102

문맥상 접속사 хотя가 이끄는 양보절이 적합하다.

[어휘] всё-таки 그럼에도 불구하고
[해석] 안드레이는 미처 꽃은 준비하지 못했지만, 그래도 이리나를 축하해 주러 갔다.
[정답] В

103

обойдя는 완료상 부동사이며, 의미상 когда절이 적합하다. 절로 전환할 때는 동사의 상도 동일해야 한다.

[어휘] обойти ~를 둘러보다
[해석] 우리는 전시회를 구경하고 나서 그림을 하나 골라서 그것을 구입했다.
[정답] А

ЧАСТЬ III

(문제 104~128) 정답을 고르시오.

104

'Если нам выпить кофе?'은 추가적인 정보를 필요로 하는 불완전한 질문이므로 적합하지 않다.

[해석] 그는 우리 "커피를 마실까?"라고 제안했다.
[정답] Б

105

'…가 무슨 ~가 되겠어?'는 какой из кого(2)라고 표현한다.

[해석] '내가 어떻게 운동선수가 되겠어?'라고 나는 생각했다.
[정답] Б

106

두 문장을 논리적으로 자연스럽게 연결할 수 있는 접속사는 но이다.

[어휘] расходиться 흩어지다 / а также 또한
[해석] 회의는 오래전에 끝났지만 아무도 자리를 떠나지 않았다.
[정답] А

107

두 문장을 논리적으로 자연스럽게 연결할 수 있는 접속사는 и이다. 접속사 да 역시 '그리고'의 의미는 갖고 있으나, и와 달리 쓰임이 제한적이며, 해당 문장에서는 어색하다.

[어휘] да 그리고 (день да ночь 밤낮으로)
[해석] 드미뜨리는 명문대학교에서 공부했고, 이것은 그의 인생에서 도움이 되었다.
[정답] Г

108

편지를 쓰기 싫은 '또 한가지의' 이유를 표현하는 접속어가 필요하다.

[해석] 나는 옐레나에게 편지를 쓰고 싶지 않아. 그녀에게 전할 새로운 소식도 없고.
[정답] Г

109

양자택일에 대한 문제이다.

[어휘] кому(3) хотелось бы ~했으면 한다 / то... то... (변덕스러움 등에 관한 표현): то солнце, то дождь (해가 비추다가 또 비가 왔다가) / ни... ни... (두 가지 모두 부정) ни каши ни супа (죽도 스프도 아닌...)
[해석] 나는 호수 주변이나 강가에 있는 별장을 임차했으면 한다.
[정답] B

110

동사 сомневаться의 내용이며, 접속사 что가 이끄는 절이 적합하다.

[어휘] сомневаться 의심하다 / попасть в финал 결승까지 가다
[해석] 사샤는 왠지 우리 팀이 결승에 진출할 것이라는 확신이 없다.
[정답] Г

111

как ... так и ~ ...처럼 그렇게 ~하다

[어휘] поступать 행동하다
[해석] 올가는 늘 자신의 판단에 따라 행동한다.
[정답] A

112

'~할 만큼 ...한 것은 아니다'는 'не настолько... , чтобы~'라고 표현한다.

[해석] 아직 물놀이를 갈만큼 날씨가 따뜻하지는 않다.
[정답] B

113

어찌나 …하던지 ~할 정도이다'는 'так … , что ~'라고 표현한다.

[해석] 아버지가 어찌나 일찍 출근하셨던지 우리 모두가 놀랄 정도였다.
[정답] Б

114

문맥상 조건절을 이끄는 접속사 если가 필요하다.

[해석] 토요일에 날씨가 따뜻하면 우리는 별장으로 떠날 것이다.
[정답] Г

115

문맥상 이유를 나타내는 접속사 так как가 적합하다.

[어휘] отказаться 거부하다 / подписывать договор 계약서에 서명하다 / уверен в чём ~을 확신하다
[해석] 빠벨은 자신의 능력에 자신이 없어서 계약서 서명을 거부했다.
[정답] А

116

'어찌나 …한지 꼭 ~하다'는 'такой… , какой ~'라고 표현한다.

[어휘] такой …, какой ~ 어찌나 …한지 꼭 ~하다 / как будто 마치 ~하다
[해석] 날씨가 전혀 겨울답지 않았다.
[정답] Б

117

문맥상 양보절을 이끄는 несмотря на то что가 적합하다.

[어휘] накупить что 또는 чего (대량으로) 물건을 구입하다 / настолько 어찌나 …한지 / как будто 마치 ~하다/ в связи с тем что ~와 관련하여
[해석] 전시회에서 이반은 가격이 상당했음에도 불구하고, 그림을 많이 샀다.
[정답] Г

118

문맥상 이유를 나타내는 절이 필요하다.

[어휘] что(1) позволит + инф. ~은 …를 가능하게 하다 / вовремя 제때에
[해석] 이것은 좋은 계획이다. 이 계획대로 하면 일을 제때에 마칠 수 있을 테니까 말이다.
[정답] Б

119

양쪽 절에 있는 완료상 동사들로 인하여 순차성을 표현할 수 있으며, 찰나적 행위도 이에 포함된다.

[어휘] освободиться от чего(2) ~에서 자유로워지다, ~가 끝나다 / с тех пор как ~한 이래로 / как только ~하자마자 / пока ~하는 동안은
[해석] 일 끝나는대로 나한테 전화해.
[정답] В

120

문맥상 양보절을 이끄는 접속사 хотя가 적합하다.

[어휘] довольный чем(5) ~에 만족하다 / поездка 여행 / попасть под дождь 비가 오다 / ради того чтобы ~를 위하여
[해석] 우리는 교외로 떠난 여행에 만족했다. 비록 중간에 비도 오고 피곤했지만 말이다.
[정답] А

121

목적을 표현하는 ради того чтобы가 적합하다.

[어휘] день и ночь 밤낮을 가리지 않고 / заработать на квартиру 아파트 살 돈을 벌다 / ради того чтобы ~위하여 / из-за того что ~때문에 / пока не ~할 때까지
[해석] 따찌야나는 집 살 돈을 모으느라 밤낮을 가리지 않고 일한다.
[정답] А

122

в последний раз는 시간의 표현이므로 시간을 나타내는 접속사 когда가 적합하다.

[어휘] так и не + (보통 완료상 동사의 과거형) 결국 ~하지 못했다 / в последний раз 마지막으로
[해석] 막심은 결국 마지막으로 아버지와 대화한 것이 언제인지 기억이 나지 않았다.
[정답] Г

123

의미상 목적절이 적합하다.

[어휘] обойти (+весь, всю, всё...등과 함께) 안 가본 데 없이 다 가 보다 / для того чтобы ~하기 위하여 / благодаря тому что ~덕분에
[해석] 나는 엄마가 좋아하는 꽃을 사려고 도시 이곳저곳을 샅샅이 뒤졌다.
[정답] Б

124

조건절을 이끄는 접속사 раз가 적합하다.

[어휘] раз [구어체] ~라면(조건) / как хочешь 네가 하고 싶은 대로
[해석] 네가 나와 동의하지 않는다면 네가 하고 싶은 대로 해.
[정답] А

125

특정 시점부터 특정 (과거) 시점까지 연결되는 행위를 나타내는 접속사가 필요하다. 따라서 с тех пор как 혹은 с того часа как가 적합하다.

[어휘] мысли не оставляли кого(4) 생각이 ~의 머리 속에 계속 맴돌았다 / с того часа как ~ ~한 시간부터 쭉 / в то время как ~하는 동안 (동일한 시간대에 일어나는 두 가지 행위를 표현) / благодаря тому что ~덕분에
[해석] 이반은 라리사를 처음 본 시점부터 그녀에 대한 생각이 뇌리를 떠나지 않았다.
[정답] Б

126

우려하는 일이나 행위에 대한 표현으로는 как бы не가 적합하다.

[어휘] испугаться 겁먹다 / обидеть кого(4) ~를 속상하게 하다 / как бы не ~할까 봐
[해석] 갈랴는 자신이 한 말로 인해 누군가가 상처를 입지나 않을까 겁이 났다.
[정답] Б

127

книгами 앞에 오면서 소유를 나타낼 수 있는 접속사는 чьими이다.
Олег назвал имя писателя, чьими книгами мы все зачитывались.
=Олег назвал имя писателя, книгами которого мы все зачитывались.

[어휘] зачитываться (오랫동안 여러 번 책을) 읽다 / разве 설마 ~인가?
[해석] "너 정말 N 몰라?"라고 알렉은 나에게 작가 이름을 얘기했는데, 알고 보니 우리 모두가 여러 번 정독했던 책의 저자였다.
[정답] Г

128

в тот момент, в то время 등은 когда와 함께 쓰이지만, за тот день, за тот год, за тот час 등은 что와 함께 쓰인다.

[어휘] за то время, что ~하는 동안
[해석] 우리는 저녁식사를 하는 동안 모든 것에 대해서 합의를 끝냈다.
[정답] В

(문제 129~131) 굵게 표시된 부분과 비슷한 의미의 표현을 고르세요.

129

от радости는 이유를 뜻한다.

[어휘] эмоциональный 감수성이 풍부한 / от радости 기뻐서
[해석] 이라는 감수성이 굉장히 풍부해서 기뻐도 운다.
[정답] Г

130

при срочном обмене는 문맥상 이유를 의미한다.

[어휘] срочный обмен 급하게 교환하는 것 / планировать 계획하다
[해석] 안똔은 급하게 집을 구입하느라 계획보다 더 많은 돈을 지불했다.
[정답] Г

131

문맥상 на прощание가 '주소 교환' 후에 한 일임을 알 수 있다.

[어휘] обменяться адресами 주소를 교환하다
[해석] 우리는 헤어지기 직전에 서로 주소를 교환했다.
[정답] А

(문제 132~140) 공식-사무적인 문서(제출서)인 지문을 읽으세요. 알맞은 답을 고르세요.

132

수신자의 직위, 성, 소속을 밝힌다.

[어휘] руководитель комиссии 위원장 / комиссия по архитектурному контролю 건축물 관리 위원회

[해석]   건축물 관리 위원회장 꼬르네예프 씨께
[정답]   Г

133

발신자를 밝히는 부분이다. 직위, 소속, 성의 순서로 적는다.

[해석]   예술가 위원회 회원 자비얄로바로부터
[정답]   Б

134

일반적으로 Прошу вас...라고 시작한다. Я вас прошу는 구어체이며, Просила бы Вас는 조심스러운 부탁의 표현이다. Обращаюсь с просьбой는 문어체 표현이다.

[해석]   부탁드립니다.
[정답]   В

135

разрешите мне уйти는 구어에서 공손한 표현으로 쓰이며, уволить меня는 지극히 직설적인 표현이고, разрешить моё освобождение는 문어적 표현이다.

[해석]   사임을 할 수 있도록
[정답]   Б

136

문맥상 전치격이 적합하다.

[해석]   10월 10일부로 건축물 관리 위원회에서
[정답]   Г

137

사임의 이유를 사직서에서 표현할 때는 в связи с чем(5)으로 표현한다.

[어휘]   в связи с переездом 이사와 관련하여 / из-за переезда 이사 때문에 / так как у меня переезд 제가 이사를 가기 때문에 / по поводу переезда 이사와 관련하여 (문의 등을 할 때)
[해석]   이사와 관련하여
[정답]   А

138

переезд 뒤에는 방향을 나타내는 на новое место жительства가 적합하다.

[어휘] место проживания 주거지 / по новому адресу 새 주소지로
[해석] 새 보금자리로
[정답] B

139

공문서의 날씨 표기는 숫자(일), 월(러시아어 생격), 숫자(연도) + г. (года) 이다.

[해석] 2007년 9월 25일
[정답] Г

140

С уважением은 비즈니스 레터에 적합하며, благодарю와 спасибо는 구어에 적합하다.

[해석] 자비얄로바
[정답] B

(문제 141~145) 아래의 서평을 읽고 정답을 고르시오.

141

книга를 수식할 수 있는 것은 피동형이므로 의미상 피동형동사 현재형인 предлагаемый вниманию가 적합하다.

[어휘] ярчайший (내용 등이) 상당히 인상적인
[해석] 해당 도서는 스포츠 관련 신간 중 상당히 흥미롭다.
[정답] A

142

빈칸에는 서술어가 필요하므로 피동 형동사 단어미형이 적합하다.

[어휘] выбранная 선택된 / выбрана 선택되었다 / выбирается 선택된다 / выбираемая 선택되고 있는
[해석] 이 책의 선택은 우연이 아니다.
[정답] Б

143

бестселлер를 수식하는 피동형의 수식어가 필요하므로 피동형동사 장어미형이 적합하다.

[어휘] бестселлер 베스트셀러 / данная тема 해당 주제 / признанный 인정받은
[해석] 이것은 인정받은 전문가에 의해 해당 주제로 쓰여진 최초의 베스트셀러이다.
[정답] Б

144

서술어가 필요한 문장이며, '~이다, 역할을 하다'는 служит + чем(5)이라고 표현한다.

[어휘] основное пособие 주요 교재 / бильярд 당구
[해석] 해당 도서는 당구 애호가들이 즐겨 찾는 교재이다.
[정답] Г

145

выделяется + чем(5) ~로 구별되다, ~점에서 뛰어나다

[어휘] на фоне десятка изданий 10여 권의 도서가 출간된 상황에서 / полнота 완성도 있음 / строгость изложения 서술에 있어서 논리정연함
[해석] 동일한 주제로 이미 10여 권의 도서가 출간된 상황에서 해당 도서는 서술면에서 완성도 있고 논리정연한 모습을 띠고 있다.
[정답] В

(문제 146~150) 다음을 읽고, 신문-언론 문제에 적합한 정답을 고르시오.

146

주어가 Президент России라는 점을 감안하면, 가장 적합한 것은 провести заседание이다.

[어휘] Государственный совет 국가 평의회 / провести заседание президиума 최고회의 간부회 회의를 진행하다 / объявить заседание 회의를 알리다 / заседать с президиумом 최고회의 간부회와 함께 회의하다 / сидеть на заседании 회의에 참석하다
[해석] 러시아 대통령은 국가 평의회의 최고회의 간부회 회의를 열었다.
[정답] А

147

문체상 представить результаты가 적합하다.

[어휘] социологический опрос 여론조사
[해석] 선거 위원회는 여론조사 결과를 제시했다.
[정답] А

148

문체상 будут опубликованы가 적합하다.

[어휘] выборы 선거 / опубликоваться 게재되다
[해석] 선거 결과는 10일 후에 (신문 혹은 잡지 등에) 게재될 것이다.
[정답] Б

149

'(공식적인 만남이) 성사되다'라는 뜻을 가진 동사는 состояться이다.

[어휘] представитель Академии наук 과학 아카데미 대표 / состояться (공식 만남이) 성사되다, 일어나다 / произойти 발생하다, 일어나다 / случиться 일어나다
[해석] 이번 주에 러시아 대통령과 과학 아카데미 대표들과의 미팅이 있었다.
[정답] Б

150

신문에서는 'были объявлены'가 적합하다.

[어휘] лауреат Нобелевской премии 노벨상 수상자 / объявлены 발표되다
[해석] 스톡홀름에서 노벨상 수상자들의 이름이 발표되었다.
[정답] А

Субтест 2. ЧТЕНИЕ (읽기)

〈테스트 중 지켜야 할 사항〉

- 시험 시간은 60분입니다.
- 시험은 두 부분, 3개의 텍스트와 텍스트에 대한 문제로 이루어져 있습니다.
- 텍스트를 다 읽은 후 과제를 파악하고 알맞은 답안을 고르세요.
  정답이 되는 알파벳을 골라 답안지에 표시하세요.

  예를 들면:

  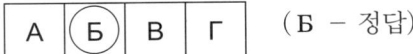 (Б – 정답)

  답을 수정할 경우, 아래와 같이 고치세요.

   (А – 오답, Б – 정답)

- 2부 문제(ЧАСТЬ II)를 풀 때에는 러시아어 사전을 사용할 수 있습니다.

ЧАСТЬ I

[문제 1~8 유의 사항]

- 본문이 제시됩니다.
- 여러분의 과제는 본문을 읽고 본문 뒤에 주어진 문장들을 완성하는 것입니다. 정답을 골라 답안지에 기입하세요.

(문제 1~8) 본문 1과 본문 뒤에 주어진 문장들을 읽으세요. 지시 사항을 따라 문제를 푸세요.

[지문 1 해석]

수즈달은 러시아에서 아름다운 도시들 중 하나로 손꼽히며, 영광스러운 천 년의 역사를 가지고 있다. 수즈달은 많은 역사적 사건들을 겪었다.

현재 수즈달은 러시아에서는 유일하게도 도시 전체가 박물관이며 관광을 하기에 훌륭한 장소이다.

여기에 9세기 이전부터 사람들이 정착해서 살기 시작했다는 근거는 충분하지만, 처음으로 수즈달에 대해 연대기에서 언급한 시기는 1024년이다. 발굴하는 동안 발견된 물건들을 보면 도시가 고대 북방 및 중앙 아시아 국가들과 교역을 했다는 사실을 알 수 있다. 따라서 수즈달은 러시아에서 가장 오래된 도시들 중 하나라고 확신할 수 있는 근거가 충분하다.

수즈달에는 보존의 정도가 서로 다른 다섯 개의 고대 수도원이 있다. 이 중 가장 오래된 수도원은 1207년에 설립된 리조뽈로젠스끼 수도원이다. 수즈달의 역사는 베일에 싸인 비밀과 수수께끼들로 가득하다. 적이 수즈달을 점령해서 불태울 때, 그들은 밝혀지지 않은 이유로 이 수도원만은 남겨 뒀고, 그 덕분에 주민들이 여기에 몸을 숨길 수 있었다.

처음에 왔을 때 나와 내 친구는 이곳에 겨우 한나절 동안만 있다 갔다. 며칠이 지나자 우리는 또다시 이곳에 오고 싶어졌고, 이 욕구는 굉장히 강렬했다. 도시는 위엄이 있었고, 우리는 거기서 쉽게 헤어날 수가 없었다. 그래서 온갖 방법을 동원해서 우리는 이곳에 다시 한번 오게 되었다.

도시에는 개인의 주머니 사정과 취향에 따라 입맛대로 고를 수 있을 정도로 많은 레스토랑이 있었다. 이 중 가장 좋은 레스토랑은 «끄레믈의 수도원 식당»이라는 곳이다. 물론 «자랴지에»라는 저렴한 식당도 음식 맛이 괜찮다. «에멜랴»라는 카페도 서비스나 음식 면에서 뒤지지 않으며, 게다가 가격이 저렴하기까지하다. 이들 레스토랑에 동일한 메뉴가 있더라도 조리법이 천지 차이이다. 주머니 사정이 넉넉한 사람은 이곳에서 많은 돈을 쓸 수 있으며, 돈을 많이 절약하고자 하는 사람도 저렴한 비용으로 휴식을 취할 수 있다.

수즈달의 여유 있는 생활 패턴을 맛보기 위해서는 적어도 하룻밤은 묵고 가야 한다. 인내심 없이 모든 것을 빨리 보고 가려는 마음가짐으로는 수즈달을 절대 이해할 수 없다. 이곳은 다른 좌표상에 존재하며, 사색에 잠기듯 하나하나 소중하게 여기는 자세로 이곳을 찾을 때에야 비로소 도시는 모든 아름다움을 보여 줄 것이다.

수즈달의 주민은 12,000명을 넘지 않는다. 이곳 사람들은 다정하며, 외지인에 대해 굉장히 호의적이다. 이곳에는 시끄러운 유희를 좋아하는 이들을 위한 시설은 거의 없지만, 반면에 조용하고 안전한 휴식을 선호하는 이들을 위한 모든 것이 준비돼 있다. 지역 주민들은 이곳은 "신령한 보호를 받고 있다"고들 한다.

도시에 응축된 고요를 떠날 때 마음 속에 담아서 가져 가서는 또다시 이곳에 와서 이곳 생명수로 채우게 될 날을 손꼽아 기다리게 된다.

(미로노바의 에세이 중에서)

[어휘]

насчитывать 전체 수량이 ...이다 / самобытный 독특한 / свидетель(남) 증인 / летописный 연대기적인 / упоминание 언급 / датироваться ...날짜, 시기 등이 기입되다, ~시기와 연관이 있다 / есть все основания полагать, что ... ...라고 추측할 근거가 충분하다 / поселение 정착해서 사는 것 / вещественный материал 유적 / раскопка 발굴 / торговые связи 교역 / позволяет утверждать, что ...라는 확신을 갖도록 만든다 / располагаться 자리를 잡고 있다, 위치하다 / в разной степени чего(2) ~의 정도가 다양하다 / полный чего(2) ~로 가득하다 / сжечь что-кого(4) ~를 불태우다 / по неизвестной причине 알 수 없는 이유로 / укрыться 몸을 숨기다 / уважительное к себе отношение 자신에 대한 존경심 / отпустить кого-что(4) 놓아주다, 떠나도록 놔주다 / всеми правдами и неправдами 모든 방법을 동원하여 / на любой вкус и кошелёк 기호와 주머니 사정에 맞도록 / притом 게다가 / как небо и земля 천지 차이이다 / экономичный 경제적인 / ночёвка 하룻밤 묵어가는 것 / хотя бы 최소한 ~라도 / координата 좌표 / вдумчивый 사색에 잠긴 / во всей своей красе 모든 면을 보여 주며 / приезжий 외지인 / доброжелательный 호의적인 / развлечение 기분 전환 / высшие силы 신령한 힘 / концентрировать что(4) 한곳에 집중시키다, 모으다 / восполнить 보충하다, 부족한 것을 메우다 / запас 비축, 저장

1. 저자는 수즈달에 한 번 더 오고 싶었다. 왜냐하면 _____ .

    (А) 이 도시의 역사를 좀 더 자세히 공부해 보고 싶었기 때문이다
    (Б) 친구가 고집을 부렸기 때문이다
    (В) 도시의 독특한 매력에 빠졌기 때문이다

[정답]   В

2. 수즈달에 한 번 더 오기 위해서 저자와 그녀의 친구는 _____ .

    (А) 미리 여행을 계획했다
    (Б) 여러 가지 난관을 극복했다
    (В) 당면한 여러 가지 일들을 미뤄 뒀다

[정답]   Б

3. 수즈달이 10세기 이전에 이미 존재했다는 결론을 내릴 수 있는 근거는 _____ 이다.

    (А) 고대 러시아의 연대기 기록
    (Б) 발굴시에 발견된 물건들
    (В) 교역의 증거 문건들

[정답]   Б

4. 수즈달의 모든 고대 수도원들은 _____ .

    (А) 보존 상태가 상당히 좋다
    (Б) 보존 상태가 안 좋다
    (В) 보존 상태가 다양하다

[정답]   В

5. 저자는 수즈달의 레스토랑들이 _____ 고 언급한다.

    (А) 메뉴가 굉장히 비슷하다
    (Б) 모든 음식이 맛있다
    (В) 굉장히 서비스가 좋다

[정답]   А

6. 저자는 수즈달이 _____ 이 쉬기에 좋다고 생각한다.

    (А) 모든 여행가들
    (Б) 조용한 것을 좋아하는 사람들
    (В) 형편이 넉넉하지 못한 사람들

[정답]   Б

7. 저자는 _____ 때문에 이 도시가 마음에 들었다.

    (А) 오래된 건축물
    (Б) 빠르지 않는 생활 리듬
    (В) 독특함과 도시 특유의 매력

[정답]   В

8. 수즈달 주민들은 수즈달이 _____ 덕분에 건재하다고 믿는다.

    (А) 신비스러운 보호
    (Б) 관광업의 발전
    (В) 도시 수뇌부의 정치

[정답]   А

[문제 9~15 유의 사항]

- 본문이 제시됩니다.
- 여러분의 과제는 본문을 읽고 본문 뒤에 주어진 문장들을 완성하는 것입니다. 정답을 골라 답안지에 기입하세요.

(문제 9~15) 본문 2와 본문 뒤에 주어진 문장들을 읽으세요. 지시 사항을 따라 문제를 푸세요.

[지문 2 해석]

    처음에는 인간 활동의 결과물들이 자연을 훼손하지는 않았다. 왜냐하면 처음에는 자연을 훼손할 능력이 없었으며, 이후에는 그들이 살고 있던 장소의 미관을 염려했기 때문이었다. 어느 선까지는 인간에 의해 발생한 모든 변화들이 지구의 풍경과 조화를 이루었다.
    하지만 어딘가에서 사람들은 이 선을 넘었다. 인간 활동의 규모도 변했다. 그럼에도 사람은 그때까지만 해도 거대한 댐을 짓거나 하늘까지 높게 공장 굴뚝을 올리거나 인공 저수지를 만들 수는 없었다.
    그러나 모든 것을 인간 활동의 규모 탓만으로 돌려서는 안 된다. 이집트의 피라미드는 규모 면에서는 많은 현대의 건축물들을 능가하지만 피라미드가 주변 풍경을 망친다고 확신할 수 있을까?

　이것들은 오히려 지구를 더 아름답게 장식하고 있다.

　물론 이 의견에 동의하는지 여부는 각자의 몫이다. 하지만 환희를 야기하는 대상과 혐오를 불러일으키는 대상으로 사물을 객관적으로 나눌 수 있다. 미적 요소가 중요시되는 상황도 있다. 카센터의 담장을 '여름 정원'에 있는 울타리처럼 아름답게 만드는 것은 불가능하다. 카센터의 담장이 정원 울타리와 기능이 같을 수는 없으며, 각각의 기능적 요소도 고려되어야 한다. 하지만 수많은 사람들의 입에 오르내린 담장이라도 나름대로 예쁠 수도, 보기 끔찍할 수도 있는데, 이 모든 것은 그 건축물을 지을 때 미적 요소가 중요했는가에 따라 달라질 수 있다.

　가장 현대적이며 거대한 건축물이 보기에 괜찮거나 더 나아가 우아하기까지한 경우들이 종종 있다. 이 건축물들이 주변 경관과 조화를 이룬다고 말할 순 없다. 왜냐하면 이 건축물들이 경관을 만드는 요소이자, 그 자체가 경관이기 때문이다. 하지만 이들은 보기에 나쁘지 않다.

　경제적인 측면에만 관심을 기울이는 사람들은 '미래의 모습은 고사하고, 오늘, 현재 이 건물의 외관이 어떨 것인가?'라는 가장 단순한 기준을 간과할 수 있다. 건축가 부로프는 『건축에 관하여』라는 책에서 '앞으로도 수백 년 동안 나라의 얼굴을 망치지 않을 주택을 지어야 한다'라는 명언을 남긴 바 있다. 멋진 말이긴 하지만, 한편으론 슬픈 현실을 대변하는 말이기도 하다. 나라의 얼굴을 걱정한다는 점에서 멋진 표현이지만, 나라의 얼굴을 한번 망치면 1년이 아니라 수세기 동안 그 모습을 바꿀 수 없을 수도 있다는 점이 무서운 것이다. 여기서 알 수 있는 것은 '나라의 얼굴'이라는 개념이 존재한다는 것이다. 그리고 이것은 지리적 풍경에 의해서만이 아니라 인간 활동에 의해 더 크게 좌우된다는 것이다.

(솔로우힌의 기사 중에서)

[어휘]

признак 징조, 징후, 결과물 / человеческая деятельность 인간 활동 / портить(нсв) – испортить(св) 망치다 / впоследствии [부사] 후에, 나중에 / производить что(4) 만들다 / вписываться(нсв) – вписаться(св) во что(4) ~와 조화를 이루다 / масштаб 규모 / чудовищный 어마어마하게 큰 / плотина 댐 / искусственное водохранилище 인공 저수지 / валить что(4) на кого/что(4) ~을 ~의 탓으로 돌리다 / размах 규모 / по размерам 규모 면에서 / превышать что(4) 능가하다 / постройка (보통 크지 않은) 건축물 / изуродовать кого-что(4) ~을 추하게 만들다 / восприятие 받아들이는 것 / вызывать ~을 불러일으키다 / восторг 환희 / отвращение 혐오 / пресловутый 식상한 / безобразный 끔찍한, 혐오스러운 / наделен потребностью чего(2) ~를 꼭 필요로 하다 / воздвигать что(4) 건축하다 / грандиозный 웅대한 / сооружение 건축물 / изящный 우아한 / ландшафт 풍경 / ибо 왜냐하면 / увлечься чем(5) ~에 몰입하다, 고집하다 / экономическое соображение 경제적 측면을 중시하는 견해 / критерий 척도, 평가 기준 / тем более 게다가 / обронить 언급하다 / зловещая фраза 불길한 미래를 예견한 문장 / озабоченность ...을 염려한다는 점 / причём 게다가 / явствовать из чего(2) ~로부터 알 수 있다 / географический ландшафт 지리적 풍경 / в неменьшей степени 더 크게

9. 솔로우힌은 독자가 ＿＿＿＿＿＿＿ 에 관심을 기울이도록 하고 싶었다.

　(A) 환경 문제
　(Б) 도시 건축에서 미학의 문제
　(В) 인간이 주변 세계에 영향을 미치는 정도

[정답] В

10. 솔로우힌은 _____ 에 대해 말한다.

  (A) 조화로운 풍경 조성이 불가피함
  (Б) 미를 추구하는 인간의 노력
  (B) 건축에서 경제적 요소의 역할

[정답] A

11. 솔로우힌은 해당 문제의 원인으로 _____ (을)를 들고 있다.

  (A) 활동의 미적 측면에 대한 경시
  (Б) 거대한 건축물 건축의 편중
  (B) 건축의 규모

[정답] A

12. 저자의 의견에 따르면 거대 건축물들은 _____ .

  (A) 항상 엉망이고 흉측하다
  (Б) 나름대로 아름다울 수 있다
  (B) 기능성을 충족해야 한다

[정답] Б

13. 저자는 현대식 건축물들은 풍경의 일부가 아니라고 생각한다. 왜냐하면 그것들은 _____ .

  (A) 지나치게 규모가 크기 때문이다
  (Б) 너무 흉하기 때문이다
  (B) 그 자체가 풍경을 만드는 요소가 되기 때문이다

[정답] B

14. '나라의 얼굴'이라는 개념은 _____ .

  (A) 보편적 표현이다
  (Б) 건축가 부로프가 처음 만들어낸 개념이다
  (B) 저자에 의해 제안된 개념이다

[정답] Б

15. 저자의 의견에 따르면 건축가 부로프는 _____ .

(A) 건축의 미적 측면을 우려했다
(Б) 주택을 속성으로 건축해야 한다고 선전했다
(В) 먼 미래를 내다보고 주택을 건축하자고 했다

[정답]   A

ЧАСТЬ II

[문제 16~25 유의 사항]

- 문학작품의 한 부분이 제시됩니다.
- 여러분의 과제는 본문을 읽고 본문 뒤에 주어진 문장들을 완성하는 것입니다. 정답을 골라 답안지에 기입하세요.
- 러시아어 사전을 사용할 수 있습니다.

(문제 16~25) 본문 3과 본문 뒤에 주어진 문장들을 읽으세요. 지시 사항을 따라 문제를 푸세요.

[지문 3 해석]

특별할 것 없는 평범한 파티였다. 그들은 천천히 춤을 추면서 움직였다. 그런데 갑자기 그의 볼이 그녀의 볼에 닿았다... 그녀의 이름은 비까였다. 그때부터 여러 해가 흘렀다. 세월이 흐른 후 모스끄바에 정착하고서야 그는 비까가 음대를 졸업하고 N이라는 도시에 있는 한 학교에서 음악 교사로 재직 중인 것을 듣게 되었다.

그때 그 기억이 갑자기 밀려왔다. 그리고 니꼴라이는 떠나기로 결심했다. 그는 크지 않은 회사의 임원이었고, 따라서 휴가를 요청할 필요도 없었다.

이른 아침 그는 자신의 낡은 지프차에 탔다. 뒷좌석에는 비까에게 줄 선물인 프랑스산 향수가 놓여 있었다.

그들은 친했던 적이 없었다. 딱 한 번 그가 그날의 파티가 파한 뒤 그녀를 집까지 바래다준 것이 전부였다. 그렇다면 그는 뭣하러 그것도 이렇듯 많은 세월이 흐른 후에 비까에게 가는 걸까? 그녀에겐 분명 남편도 자녀도 있을 텐데. 청혼을 하러 가는 것이 아니라면 그는 무슨 생각으로 그녀를 보러 가는 걸까?

니꼴라이는 자신이 어리석음을 알면서도 예측할 수 없는 결과를 향해 성큼 나아갔다.

자그마한 도시였다. 음악 학교를 수소문해서 그 건물 안에 들어가서는 조심스레 강당 문을 조금 열었다. 음악회가 진행 중이었다. 꼴랴는 안락의자에 자리 잡고 편하게 앉았다. 잠시 후에 사회자가 가족 트리오의 연주 시작을 알렸다. 어머니, 아버지 그리고 딸이 무대로 나왔다. 비까의 피아노 연주는 훌륭했다. 그녀의 남편은 콘트라베이스를 연주했는데, 역시 훌륭한 연주였다. 딸내미는 바이올린에서 멋진 음을 뽑아냈다. 이런 하모니는 행복한 가정이었을 때 가능한 것이었다. 강당에 있는 사람들의 훈훈한 박수 소리를 듣고 니꼴라이는 그곳을 나왔다.

그는 온 길을 되돌아갔다. 마음의 짐을 던 기분이었다. 꼴랴는 소리 내어 웃었다. 만나러 올 생각을 한 그가 어리석었던 것이다...

얼마간 시간이 흘렀을까. 작은 마을과 나무로 만든 단층짜리 시골집들이 그의 시야에 들어왔다. 그는 우체국 근처에서 멈춰 섰다. 그 옆엔 호텔이 있었다. 꼴랴는 갑자기 침대에 두 다리 쭉 뻗고 두어 시간 잠을 자고 가고 싶은 생각이 들었다.

호텔방은 작지만 따뜻했다. 그는 옷을 벗기가 무섭게 깊은 잠에 빠져들었다.

니꼴라이는 5시간 이상을 잔 후 11시에 잠에서 깼다. 호텔 관리인 여자는 시외버스 터미널에 가면 카페가 있고 거기에서 저녁 식사를 할 수 있노라고 말해 주었다. 꼴랴는 아침까지 기다릴 것도 없이 바로 떠나기로 결심했다.

시내에 있는 광장과 거리들은 상당히 한산했다. 거리 끝에서 그는 «카페 '북쪽'»이라는 간판을 내건 자그마한 건물 하나를 발견했다. 니꼴라이는 카페에 들러서 가는 길에 먹을 것을 살 요량이었다.

카페에는 음악이 흐르고 있었다. 창가에 한 무리의 젊은이들이 자리를 잡고 앉아 있었다. 아가씨 세 명에 청년 세 명이었다. 꼴랴는 저녁을 먹고 가는 것도 나쁘지 않겠다고 생각했다. 주문한 음식을 기다리는 동안 그는 냅킨을 들고서는 거기에 볼펜으로 뭔가를 끄적이기 시작했다. 그는 이름을 알 수 없는 어떤 마을의 겨울 광장, 자그마한 교회와 드문드문한 행인들을 그렸다.

그 일행 중 한 아가씨가 그에게 가까이 다가가 앉았다. 호기심 가득한 커다란 눈으로 그의 그림을 주시했다. 그녀의 눈빛에서 낭만적인 자유의 기운이 느껴졌다.

– 뭘 그려요?
– 그냥, 심심해서. – 니꼴라이는 그녀에게 냅킨을 내밀었다.
– 잠깐만… 이거 우리 까멘까잖아. 좋은데. 나 줘요! – 그림에서 시선을 거두고 그녀는 말했다.
– 가져. – 라고 말하며 니꼴라이도 슬쩍 말을 놓았다.
– 고마워요. 근데 어디서 왔어요?
– 모스끄바.
– 이곳 마음에 들어요?
– 괜찮은 마을 같아 보이는데, 조용하고.
– 지루하죠. – 라고 아가씨는 말했다.
– 젊은이들은 다 어디론가 떠나 버리고, 일거리도 눈을 씻고 찾아봐야 없구. 아저씬 이해 못 해요. 모스끄바 사람이라.
– 사실 나도 니쥐느이 노브고로드 출신이야.

이때 주문한 음식이 나왔다. 니꼴라이는 먹기 시작했다. 흰 빵은 그야말로 입에서 녹았다. 지방에서 만드는 빵이 항상 수도의 빵보다 맛있는 건 왜일까.

– 어때요, 맛나요? – 라고 아가씨가 물었다.
– 응, 특히 빵이 그렇네.
– 다들 그렇게 얘기해요. 비법을 알려고 이곳을 찾는 사람들도 있을 정도예요. 사실 비법이랄 것도 없어요. 여긴 빵 맛이 다 이래요. 나도 구울 줄 아는걸요.
– 정말? – 니꼴라이가 놀라워했다.
– 네. 살기 좋아 가정부나 집에 들이는 모스끄바 여자들이랑은 달라요. 맞죠? 아저씨 부인은 요리 좀 해요?
– 나 혼자 살아.
– 아니 어떻게?
– 그냥… – 니꼴라이는 으쓱해 보였다.
– 아직 못 만났다고나 할까…
– 운명의 여인을 말예요?
아가씨가 그가 할 말을 대신 해 줬다.
잠시 침묵이 흘렀다.
– 난 이제 가봐야겠어. 니꼴라이가 말했다.

— 고마워요. 말동무 해 줘서. 그리고 선물도요. — 아가씨가 미소지었다.

곧 그는 도로로 나왔다. 몇 년 후면... 그는 광활한 러시아에서 잊혀진 이 마을을 떠올리게 되리라. 뭔가에 이끌려 이 아가씨도 회상하게 될 것이다... 니꼴라이는 갑자기 브레이크를 밟고 지프차를 돌려 되돌아갔다.

(по рассказу Н.Пака)

[어휘]
с тех пор 그때부터 / много воды утекло 많은 시간이 흘렀다 / обосноваться ~에 상주하기 시작하다 / нахлынуть на кого(4) ~에 밀려들다 / ни с того ни с сего 생뚱맞게, 뜬금없이 / благо 다행이다 / отпрашиваться с работы 직장에서 (~로 떠날 수 있도록) 허락을 구하다 / начальник (회사의) 임원 / нелепость 어리석음 / упорно 고집스레 / приоткрыть что(4) ~을 조금 열다 / усесться куда(4) ~에 편히 앉다 / великолепно 훌륭하게 / профессионал 전문가 / дочурка 딸내미 / извлекать из чего(2) ~로부터 (음을) 뽑아내다 / зааплодировать 박수치기 시작하다 / гора с плеч свалилась 큰 마음의 짐을 덜어 후련했다 / рассмеяться 심하게 웃기 시작하다 / взору открыться 시야에 들어오다 / посёлок 촌, 마을 / изба 나무로 만든 시골집 / возникнуть 갑자기 생기다 / растянуться 팔다리를 쭉 뻗다 / пара часов 2시간쯤 / безмятежный сон 숙면 / проспать (일정 시간 동안) 잠자다 / автовокзал 시외버스터미널 / дождаться чего(2) ...까지 ~를 기다리다 / райцентр(=центр района) 지역의 중심부 / пустынный 텅 빈 / вывеска 간판 / разместиться 각자 자리를 잡고 앉아 있다 / компания 패거리, 한 무리의 사람 / в ожидании чего(2) ~을 기다리는 동안 / чиркать что(4) ~을 끄이다 / церквушка 작은 교회 / подсесть к кому-чему(3) ~옆에 앉다 / любопытство 호기심 / излучать что(4) ~을 뿜어내다 / романтическая свобода 낭만적 자유 / от нечего делать 심심해서 / отнять глаза от чего(2) ~로부터 시선을 거두다 / переходить на «ты» 말을 놓다 / вроде ~인 것 같다 / проговорить ~라는 말을 내뱉다 / разбегаться 뿔뿔이 흩어지다 / приняться ~에 착수하다, 시작하다 / невероятно 믿기 힘들 정도로 / провинция 지방 (↔수도) / рецепт 레시피 / избалованный 편한 생활에 길들여진 / домработница 가정부 / развести руками (대답하기 난감한 상황에서) (어깨를) 으쓱하다 / подсказать 힌트를 주다 / затеряться 흔적도 없이 사라지다

16. 니꼴라이는 ＿＿＿＿＿＿＿ 학교를 졸업했다.

　(А) 아주 오래전에
　(Б) 몇 년 전에
　(В) 오래전에

[정답] А

17. 학창시절에 비까와 니꼴라이는 ＿＿＿＿＿＿＿ .

　(А) 친구였다
　(Б) 별로 안 친했다
　(В) 서로 모르는 사이였다

[정답] Б

18. 니꼴라이가 비까를 만나러 떠난 이유는 _____ .

    (А) 항상 그녀를 기억했고 보고 싶었기 때문이다
    (Б) 그녀와 결혼하기로 결심했기 때문이다
    (В) 그녀를 그냥 한번 만나고 싶었기 때문이다

[정답]   B

19. 비까는 _____ 에 살았다.

    (А) 그들이 함께 공부했던 바로 그 도시
    (Б) 니꼴라이가 한 번도 가본 적이 없는 도시
    (В) 모스끄바에서 멀지 않은 작은 도시

[정답]   B

20. 비까의 연주를 들으면서 니꼴라이는 _____ 는 것을 알았다.

    (А) 그녀에겐 멋진 가족이 있다
    (Б) 그녀가 훌륭한 피아니스트가 되었다
    (В) 그녀가 자신의 딸을 매우 사랑한다

[정답]   A

21. 니꼴라이가 호텔에서 묵은 이유는 _____ .

    (А) 갑자기 쉬다 가고 싶어졌기 때문이다
    (Б) 미리 호텔방을 예약해 놨기 때문이다
    (В) 호텔이 너무 맘에 들었기 때문이다

[정답]   A

22. 니꼴라이가 비까와 가족을 보았을 때, 그는 _____ .

    (А) 헛걸음했다는 것을 깨달았다
    (Б) 흡족했다
    (В) 마음의 짐을 던 것 같은 후련함을 느꼈다

[정답]   B

23. 까페에 앉아 있던 아가씨가 니꼴라이에게 다가온 이유는 _____ .

  (A) 그녀와 함께 온 패거리와 함께 얘기하자고 청하려고 했기 때문이다
  (Б) 낯선 사람과 얘기 나누는 것이 재미있었기 때문이다
  (В) 통성명하고 그와 친해지고 싶었기 때문이다

[정답] Б

24. 니꼴라이는 _____ 인상을 풍긴다.

  (A) 똑똑하고 사무적인
  (Б) 강인하고 결단력 있는 사람 같은
  (В) 부드럽고 수줍음 많은

[정답] A

25. 아가씨와의 대화를 끝내고 고속도로로 나온 니꼴라이는 _____ .

  (A) 그녀를 자주 회상하겠다는 생각을 했다
  (Б) 갑자기 마을로 차를 돌리기로 결심했다
  (В) 비까가 살고 있는 도시로 돌아가기로 결심했다

[정답] Б

Субтест 3. АУДИРОВАНИЕ (듣기)

〈테스트 중 지켜야 할 사항〉

- 시험 시간(30–40분)은 제시된 오디오 및 비디오 자료를 듣고 문제를 푸는 시간입니다.
- 시험은 총 25문항입니다.
- 각 부분의 청취 전에 여러분은 문제와 지시 사항을 서면으로 받게 됩니다. 정답을 골라 답안지에 표시하세요.

예를 들면:

- 오디오 및 비디오 자료는 한 번만 들려줍니다.
- 사전은 사용할 수 없습니다.

[문제 1~5 유의 사항]

- 문제 1~5는 대화를 청취한 후에 답하세요.
- 시험 시간은 5분입니다.

(문제 1~5) 두 사람이 만나서 하는 대화를 듣고 질문에 답하세요.

[녹음 원문]

– Здравствуй!

– Привет! Что новенького?

– Вот, друг открыл магазин. Вчера зашла посмотреть. Женская и мужская одежда. Я не сторонница единообразия, здорово, что у него разные стили. Он говорит, что друзья-музыканты иногда подсказывают ему идеи моделей. Была там одна блузочка, это что-то! Вообще, есть очень оригинальные вещи. И продавцы у него – закачаешься! С ходу угадывают, что подойдёт клиенту. Но цены, я тебе скажу… Не подступишься.

[해석]

– 안녕!

– 안녕! 새로운 소식 있어?

– 그게 그러니까, 친구가 가게를 하나 열었거든. 어제 구경 갔었어. 여성복과 남성복이 있었어. 나는 단조로운 스타일을 지향하는 사람이 아니거든. 거기 가니까 다양한 스타일의 옷이 있더라구. 완전히 맘에 들었어! 그 친구 말이, 친구들 중에 음악 하는 사람들이 있어서 가끔 샘플 제작할 때 아이디어를 주나 보더라구. 거기서 블라우스를 하나 봤는데, 물건이더라! 전반적으로 거기 물건들이 굉장히 독특해. 점원들은 또 얼마나 좋다구! 단번에 고객에게 어울리는 스타일을 알아보더라구. 하지만, 가격이... 장난이 아니야.

[어휘]
сторонница чего(2) ~를 선호하는 사람 / единообразие 단조로움 / здорово 멋지다 / подсказывать 넌지시 말하다 / блузочка [구어체] 블라우스 / оригинальный 독특한 / закачаешься [속어] 짱이다, 대박이다 / с ходу 즉시 / угадывать ~을 알아맞추다 / подступиться 접근하다, 근접하다

1. 화자는 _____ .

  (А) 자주 가게에 가는 편이다
  (Б) 일부러 이 가게에 들렀다
  (В) 지나다가 새로 생긴 가게에 들렀다

[정답] Б

2. 그녀의 친구는 _____ .

  (А) 가게 주인이다
  (Б) 가게에서 일한다
  (В) 여성 의류 전문가이다

[정답] А

3. 가게에서는 _____ 을(를) 판매한다.

  (А) 특정한 스타일의 제품들
  (Б) 다양한 스타일의 제품들
  (В) 디자이너가 직접 디자인한 제품들만

[정답] Б

4. 가게에서 화자는 _____ .

  (А) 몇 가지를 샀다
  (Б) 자기가 입을 블라우스를 샀다
  (В) 아무것도 사지 않았다

[정답]　B

5. 화자가 쓰는 어투의 성격은 _____ .

　(А) 전문용어를 많이 썼다
　(Б) 은어가 섞여 있다
　(В) 문체적 특성이 나타나 있지 않다

[정답]　Б

[문제 6~10 유의 사항]

• 문제 6~10은 광고글을 들은 후에 풀게 됩니다.
• 시험 시간은 5분입니다.

(문제 6~10) 광고를 듣고 그에 대한 문제에 답하세요.

[녹음 원문]

　Дорогие друзья!

　Приглашаем вас посетить выставку «Издательский бизнес», проходящую в эти дни в Центральном доме художника. Ведущие российские и западные специалисты расскажут о своих достижениях и поделятся опытом.

　Одним из важнейших событий выставки обещает стать «круглый стол» по вопросам независимости прессы в России, на который приглашены редакторы западных и российских изданий, ведущие политологи и известные журналисты.

　Выставка «Издательский бизнес» проходит в преддверии Всемирного газетного конгресса, который летом следующего года впервые пройдёт в Москве. На открытие конгресса приглашён российский президент, и уже получено его предварительное согласие.

　Выставка открыта ежедневно, кроме понедельника, с 10 до 14 часов для посещения специалистов и с 14 до 20 часов для всех желающих. Каждый вечер с 18:30 проходят презентации российских журнальных и газетных изданий. Цена билета – 100 рублей. Билет на выставки Центрального дома художника не даёт права посещения данной выставки. При предъявлении журналистского удостоверения вход свободный.

　Ждём вас на нашей выставке «Издательский бизнес»!

[해석]

　친애하는 여러분!

앞으로 며칠간 중앙아트센터에서 있을 전시회 «출판 비즈니스»에 여러분을 초대합니다. 이 분야 최고의 러시아 및 해외 전문가들이 자신의 성과와 경험을 여러분과 나눌 것입니다.

전시회의 가장 중요한 일정 중 하나로 러시아 대중매체의 독립성에 관한 «원탁회의»가 예정되어 있으며, 러시아 및 해외 출판사들의 편집자들, 최고의 정치학자들과 유명한 기자들이 참석할 것입니다.

전시회 «출판 비즈니스»는 내년 여름에 모스끄바에서 처음 열릴 세계 언론 회의를 앞두고 치러지는 행사입니다. 회의 개막식에 러시아 대통령이 초청되었으며, 이미 대통령의 사전 동의까지 받은 상황입니다.

전시회는 월요일을 제외하고 매일 개관하며, 10시부터 14시까지는 전문가들의 방문을 위해, 14시부터 20시까지는 모든 희망자들을 위해 개방할 것입니다. 매일 저녁 18시 30분에는 러시아 잡지 및 신문을 소개하는 시간을 갖습니다. 입장료는 100루블입니다. 중앙아트센터의 입장권을 갖고 계신 분들도 해당 전시회 입장권을 구매하셔야 합니다. 기자증을 제시하시는 분은 무료 입장이 가능합니다.

전시회 «출판 비즈니스»에서 뵙겠습니다!

[어휘]
в эти дни 앞으로 며칠간 / Центральный дом художника 중앙아트센터 / ведущий (해당 분야) 최고의 / достижение 업적 / поделиться опытом 자신의 경험을 (~와) 나누다 / круглый стол 원탁회의 / независимость прессы 언론의 독립 / политолог 정치학자 / в преддверии Всемирного газетного конгресса 세계 언론 회의에 앞서 / открытие 개막(식) / предварительное согласие 사전 동의 / издание 출판 / данный 해당하는 / предъявление 제시 / журналистское удостоверение 기자증 / свободный 무료인

6. 전시회에는 _____ 의 참석이 예정돼 있다.

(А) 유명한 정치학자들
(Б) 권위 있는 정치가들
(В) 우수한 사회학자들

[정답]　А

7. 이 전시회는 _____ 열렸다.

(А) 세계 언론 회의의 폐막에 맞춰
(Б) 세계 언론 회의의 일환으로
(В) 세계 언론 회의의 시작을 앞두고

[정답]　В

8. 러시아 대통령은 _____ 에 참석할 것에 동의했다.

(А) 전시회 준비 작업에
(Б) 세계 언론 회의 준비 작업
(В) 세계 언론 회의 개막식

[정답] B

9. 이 전시회는 희망자는 누구나 _____ 부터 관람이 가능하다.

(А) 10시
(Б) 14시
(В) 18시 30분

[정답] Б

10. 전시회 관람이 _____ 에게는 무료이다.

(А) 기자들
(Б) 아트센터 입장권 구매자들
(В) 규모가 큰 출판사의 편집자들

[정답] А

[문제 11~15 유의 사항]

• 11~15는 비디오의 한 부분을 본 후에 푸는 문제입니다.
• 시험 시간은 6분입니다.

(문제 11~15) 영화 «가을 마라톤»의 일부분을 보고 각 문제에 알맞은 정답을 고르세요.

[비디오 원문]

Нина. Алё, алё! Ну, что же Вы там молчите и дышите, хоть бы мяукнули. В следующий раз бери трубку сам. Попробуйте вот это, Билл.

Билл. Спасибо. Это как называется?

Нина. Хво-рост.

Билл. Очень вкусно.

Андрей. Нина – прекрасная кулинарка.

Нина. Не напрягайся, дорогой.

Билл. Простите, очень тихо, плохо понимаю.

Нина. А – а, это я ему.

Андрей. Это она мне. Билл, ну, рассудите, если кто-то где-то молчит и дышит, то это значит, что звонят именно мне.

Билл. Простите, не понимаю.

Андрей. Ну, я говорю, почему, если кто-то где-то…

Нина. Может, мы без Билла разберёмся?

Билл. Простите, я не понимаю.

Андрей. Это она мне.

Нина. Это я ему.

Звонит телефон, Андрей берёт трубку.

Андрей. Слушаю Вас!

Женщина. Сейчас меня разбудила твоя Алла и просила тебе передать, чтоб ты ей срочно позвонил. Ты у неё там какую-то рукопись оставил.

Андрей. К сожалению, сейчас никак не могу, загружен работой.

Женщина. А-а, ясно, Нинка рядом. Ладно, я сама с ней поговорю.

Андрей. Вот этого не надо!

Женщина. Надо! Пока.

Андрей. Веригин звонил из издательства. Торопит, торопит…Что, у вас в Дании тоже так?

Билл. Тоже так, да.

Нина. А тебе не показалось, что у него женский голос?

Андрей. У кого?

Нина. У Веригина.

Андрей. Так он через секретаря звонил, через секретаршу. (Биллу.) Нравится? Нина сама варила.

Билл. Очень вкусно. Это есть повидло?

Нина. Нет, это варенье. Извините.

Билл. Андрей, она немножко сердится? Может быть, я уйду? Или лучше остаюсь, будет меньше скандала.

Андрей. Нет, плохо себя чувствует.

Нина. До свидания, Билл, дальше Вас будет развлекать Андрей. Я ухожу.

[해석]

니나: 여보세요, 여보세요! 말씀하세요. «야옹»이라는 소리라도 내보시던가. 다음 번엔 자기가 직접 받아. 이거 드셔 보세요, 빌.

빌: 고마워요. 이걸 뭐라고 부르죠?

니나: 흐보-로스뜨예요.

빌: 굉장히 맛있네요.

안드레이: 니나가 요리를 아주 잘하지.

니나: 여보, 일부러 그렇게 애쓸 필요 없어.

빌: 죄송한데, 말소리가 너무 작아서 뭐라고 하셨는지 이해가 안 되네요.

니나: 아, 저 사람한테 한 말이에요.

안드레이: 나한테 한 말이에요. 빌, 생각해 보세요. 누군가 어딘가에서 말은 안 하고 숨소리만 낸다면, 다 내 전화일까요?

빌: 정말 미안한데요, 무슨 말인지 모르겠어요.
안드레이: 음, 그러니까 내 말은 왜 누군가 어디선가 …
니나: 빌 없을 때 우리 둘이서 얘기하는 건 어때요?
빌: 죄송한데, 무슨 말씀이신지 모르겠어요.
안드레이: 나한테 하는 말이에요.
니나: 저 사람한테 한 말이에요.
전화벨이 울리고, 안드레이가 수화기를 든다.
안드레이: 여보세요!
여자: 지금 네 여자 알라가 나를 깨워서 전해 달래. 빨리 전화 좀 해 달래. 네가 거기다 원고를 두고 왔다나.
안드레이: 유감스럽게도 지금은 절대 안 되겠네요. 일이 너무 많아서요.
여자: 아, 니나가 옆에 있구나. 그럼 내가 직접 얘기해 보지 뭐.
안드레이: 그러지 마요!
여자: 해야 해! 안녕!
안드레이: 출판사에서 베리긴한테서 온 전화야. 독촉을 어찌나 하는지… 빌, 덴마크도 그래요?
빌: 다 똑같죠.
니나: 근데 그 사람 목소리가 여자 같다는 생각 안 들어요?
안드레이: 누구?
니나: 베리긴 말이에요.
안드레이: 비서 시켜서 전화했으니까 그렇지, 여자 비서 말이야. (빌에게) 입맛에 맞나? 니나가 직접 끓인 거라구.
빌: 굉장히 맛있어요. 이게 바로 뽀비들로예요?
니나: 아니요, 이건 잼이에요. 실례할게요.
빌: 안드레이, 니나가 살짝 화가 나는 것 같아요. 나 갈까요? 아니면 내가 남는 게 좋을까요. 덜 시끄러울 것 같은데.
안드레이: 아니에요, 그냥 몸이 안 좋아서 그래요.
니나: 다음에 봐요, 빌. 이제부턴 안드레이가 즐겁게 해 줄 거예요. 나 먼저 일어날게요.

[어휘]

молчать 말이 없다, 침묵하다 / дышать 숨쉬다 / мяукнуть "야옹"하다 / брать трубку 수화기를 들다 / кулинарка (여) 요리사 / напрягаться 애써서 ~하려고 하다 / рассудить 시시비비를 가리다 / именно 다름아닌 / разобраться 따져 보다 / разбудить кого(4) ~을 깨우다 / рукопись 필사본, 원고 / загруженный чем(5) ~가 많다 / торопить 재촉하다 / Дания 덴마크 / секретарша 여비서 / скандал 소란 / развлекать кого(4) ~을 즐겁게 해 주다

11. 영화 속 등장인물의 아내는 _____ .

(А) 전화 건 아가씨를 잘 알고 있었다
(Б) 전화 건 사람이 누구인지 몰랐다
(В) 전화 건 사람이 누구인지 짐작했다

[정답]   В

12. 아침 식사 분위기는 _____ .

　(А) 적대적이었다
　(Б) 긴장감이 감돌았다
　(В) 화기애애했다

[정답]　Б

13. 안드레이는 _____ 사람처럼 행동한다.

　(А) 억울한
　(Б) 심각한 문제가 없는
　(В) 무언가 숨기고 있는

[정답]　В

14. 안드레이에게 전화 건 여자는 그에게 _____ 말했다.

　(А) 그가 여자친구네 집에 무언가를 두고 갔다고
　(Б) 여자친구가 그를 보고 싶어 한다고
　(В) 그녀는 그의 여자친구와 대화하길 원치 않는다고

[정답]　А

15. 안드레이의 집에 손님으로 온 빌은 _____ .

　(А) 손님 접대에 만족한다
　(Б) 안드레이의 입장을 공감하고 그의 행동을 지지한다
　(В) 가정에 뭔가 문제가 있다고 느낀다

[정답]　В

[문제 16~20 유의 사항]

• 문제 16~20은 뉴스를 듣고 푸는 문제입니다.
• 시험시간은 6분입니다.

(문제 16~20) 뉴스를 듣고 각 문제에 알맞은 정답을 고르세요.

[녹음 원문]

　　В Женеве для широкой публики открылся международный автосалон. Это не самый большой автосалон в мире, но производителей привлекает то, что в Швейцарии нет собственной автомобильной промышленности, поэтому нет и перекоса в предпочтениях потребителей. Возможно, поэтому на автосалоне ожидается довольно много фирм-производителей – 60.

***

Израильские учёные пришли к выводу, что на нашей планете становится всё темнее. По их мнению, за последние 50 лет Солнце стало светить на 10 % слабее. Проверив выводы израильских коллег, учёные всего мира вынуждены были признать, что мир действительно становится темнее. Причём темнеет он неравномерно: так, например, в Гонконге за полвека Солнце стало светить на треть меньше. Учёные будут продолжать свои исследования. Сейчас важнее всего выяснить причину потемнения. Главная версия пока – загрязнение воздуха.

***

За последние 5 лет российские работодатели стали более охотно брать женщин на руководящие позиции. Это объясняется тем, что представительницы прекрасного пола обладают гибкостью в общении, умением наладить командную работу и творчески подходить к процессу управления. Спрос подогревает и общая нехватка профессиональных управленцев.

***

Наш корреспондент из Парижа сообщает, что во Франции завершил свою работу X Международный салон ресторанов, отелей и комбинатов питания. В соревнованиях на лучшее кондитерское изделие участвовали кулинары из 20 стран. Кубок мира на этот раз получили представители Японии. Жюри возглавлял бывший капитан команды Франции, которая победила в прошлом году и поэтому, согласно регламенту, не имела права участвовать в нынешнем конкурсе.

***

Телекомпания «ТВ – Центр» просит оказать содействие в подготовке нового проекта «Поступок». Авторы хотят показать, что часто надо совсем немного, чтобы помочь чужой беде, – просто не пройти мимо. Особое внимание будет уделяться помощи детям.
Просим откликнуться всех, кто владеет такой информацией, и сообщить в редакцию о людях, совершивших бескорыстные благородные поступки. Предполагается приглашение героев в студию.

[해석]

　　제네바에서 대중을 위한 국제 모터쇼가 개막되었습니다. 이번 모터쇼는 세계에서 가장 큰 모터쇼는 아니지만, 스위스는 자동차 산업이 발달되지 않았고 소비자들의 기호가 특정 제품에 편중되지 않는다는 점이 자동차 제조업체들에게 매력적으로 다가옵니다. 어쩌면 그렇기 때문에 모터쇼에 무려 60개 자동차 제조업체들이 참여할 것으로 기대됩니다.

***

　　이스라엘의 학자들은 우리 행성이 점점 더 어두워지고 있다는 결론에 도달했습니다. 학자들의 의견에 따르면, 최근 50년 동안 태양 빛의 세기가 10% 감소했다고 합니다. 이스라엘 동료들의 결론을 확인한 전 세계 학자들은 세계가 실제로 점점 더 어두워지고 있다는 것을 인정할 수 밖에 없었습니다. 게다가 어두워지는 정도가 지역에 따라 다르다고 합니다. 예를 들어 홍콩에서는 지난 반 세기 동안 태양 빛의 세기가 3분의 1만큼 감소했습니다. 학자들은 연구를 계속할 것입니다. 현재 가장 중요한 것은 원인을 밝히는 것입니다. 가장 주된 원인으로 대기 오염이 거론되고 있습니다.

***

　　최근 5년간 러시아의 고용주들은 여성들을 관리자로 더 선호하며 채용했습니다. 여성이 소통의 유연성을 갖고 있고, 큰 무리 없이 업무 지시를 내릴 줄 알며, 경영에도 창조적으로 접근한다는 점에서 그 이유를 찾을 수 있습니다. 전문 관리자들의 수가 부족한 점 역시 여성을 선호하는 수요를 과열시키는 원인입니다.

***

　　파리 특파원의 소식에 따르면 프랑스에서 레스토랑, 호텔 및 급식 기관들이 참가하는 제10회 국제 요리 대회가 종료되었다고 합니다. 제과 부문 최고의 요리사를 뽑는 경연대회에 세계 20여개 국의 요리 연구가들이 참가했습니다. 이번 월드컵은 일본 팀이 받았습니다. 심사의 총책임은, 작년에 우승을 차지하여 대회 규정상 이번 대회에 참가 자격이 없는 프랑스 팀의 주장이 맡았습니다.

***

　　방송사 «TV-Center»는 «용감한 행동»이라는 프로젝트를 준비하는데 협력을 해줄 것을 요청하고 있습니다. 방송작가들은 그냥 지나치지 않는 정도의 작은 관심만으로도 어려움을 당한 이웃을 도울 수 있다는 것을 보여 주고자 합니다. 특히 아이들에 대한 도움을 집중 조명할 것입니다. 이러한 정보를 갖고 계신 분들은 해당 방송사 편집국에 이타적이고 고귀한 행동을 하신 분들에 대해 제보해 주실 것을 부탁드립니다. 제보의 주인공은 (방송국) 스튜디오에 초대될 예정입니다.

[어휘]

привлекать кого(4) ~의 관심을 끌다 / автомобильная промышленность 자동차 산업 / перекос в предпочтении 선호하는 것 / потребитель 소비자 / фирма-производитель 생산업체 / прийти к выводу 결론에 도달하다 / вынужден + инф. ~할 수 밖에 없다 / причём 게다가 / неравномерно 고르지 않게, 일정하지 않게 / треть 1/3 / выяснить причину 원인을 밝히다, 규명하다 / версия 견해 / загрязнение воздуха 대기오염 / работодатель 고용주 / охотно 기꺼이 / руководящая позиция 관리직 / объясняется тем, что~ ~가 원인이다 / представительница прекрасного пола 아름다운 성을 대표하는 자(여성) / обладать чем(5) (자질 등)을 갖고 있다 / гибкость в общении 소통의 유연성 / наладить ~을 잘 해내다 / командная работа 지시하는 것 / творческий подходить к чему(3) 창조적으로 접근하다 / спрос 수요 / подогревать 부추기다 /

общая нехватка 전반적인 부족 / управленец 관리직에 있는 사람

16. 제네바에서 열린 모터쇼는 _____ .

 (A) 세계에서 가장 큰 모터쇼 중 하나이다
 (Б) 자동차 제조업자들의 관심을 끈다
 (B) 신차를 소개하는 인기 있는 모터쇼이다

[정답] Б

17. 태양 빛이 줄어들었다는 결론을 내린 학자들은 _____ 를 밝혀 내고 싶어한다.

 (A) 지구가 왜 어두워지고 있는지
 (Б) 태양 빛의 세기가 몇 퍼센트 약해졌는지
 (B) 지구가 왜 불균등하게 어두워지는지

[정답] A

18. 최근 여성들을 관리자로 채용하는 것을 더 선호하는 이유는 _____ .

 (A) 팀 내 소통과 업무 처리 면에서 더 뛰어나기 때문이다
 (Б) 그들이 남성들보다 관리 문제 해결 능력이 더 뛰어나기 때문이다
 (B) 러시아에서는 전문성을 지닌 관리자들이 부족하기 때문이다

[정답] A

19. 프랑스 팀이 제과 부문 경연에 참가할 수 없었던 이유는 _____ .

 (A) 경연이 프랑스에서 있었기 때문이다
 (Б) 팀의 주장이 심사의 총 책임을 맡고 있었기 때문이다
 (B) 이 팀이 작년에 우승을 차지했기 때문이다

[정답] B

20. 방송사 «TV-Center»에서는 _____ .

 (A) 선행하는 사람들에 대한 이야기들을 다룬다
 (Б) 아이들을 돕는 사람들을 찾는다
 (B) 이타적 사람들에 대한 제보를 요청한다

[정답] B

[문제 21~25 유의 사항]
- 21~25번은 녹화된 비디오의 인터뷰 내용을 본 후에 풀게 됩니다.
- 시험시간은 6분입니다.

(문제 21~25) 유명 배우 알렉세이 바딸로프와의 인터뷰 내용 중 일부를 보고 각 문제에 알맞은 정답을 고르는 문제입니다.

[비디오 원문]

Журналист. Что Вы посоветуете сегодняшним выпускникам? Они очень Вам доверяют, вообще-то…

Баталов. Да ладно. Давайте скажу… Я-то что советую? Ну, вот Бог дал, и я Лихачёва застал, Вы знаете, он был здесь целую зиму, вот то, что я говорил Вам, сказал, он сказал. Он был целую зиму, возглавлял какой-то комитет по искусству, но его цель была спасти библиотеки, вот сейчас же…

Журналист. Это Дмитрий Сергеевич Лихачёв был уже в возрасте сильно?

Баталов. Уж ну как, ну, совсем уже. Это было незадолго до смерти. Ну, Библиотека Ленина до сих пор картинкой завешена, и в Ленинграде не больното это удалось. Но однажды он сказал фразу, Вы знаете, он сказал: «Только это должно сохраниться, это должно сохраняться». Ему сказали: «Ну, хорошо. Должно сохраняться. Но сейчас другое поколение, сейчас приходят и такие, и такие, они то, они это, а вот Вы сохраняете». Или что-то такое, короче говоря. Вот что он сказал: «Неважно! Важно, чтобы эта книга лежала на месте, когда придёт Ломоносов!» И он абсолютно прав!

Журналист. Замечательно!

Баталов. Правда, замечательно? И вот я говорю, это невероятно, и это абсолютная правда. Вы понимаете, ищущий найдёт, это во-первых, во-вторых, не могут быть все одинаковые, на самом деле, славу России составляют этот, этот и этот, и времена кругом трудные, я Вам об этом говорил. И Ломоносову трудно, и этому, и этому трудно. Но: определяется-то в мире по Чехову, судят: ой, мы Вас знаем! И Чехова мы видели! Толстой, кто-то ещё, так они появляются…

Журналист. Вот скажите, Вы общаетесь с нынешними молодыми людьми. Есть что-то в них, что Вам очень нравится? Я понимаю, что сейчас очень много говорят плохого о молодёжи, вот что-то, что Вам нравится очень в этих людях?

Баталов. Вы знаете, что, честно говоря, больше всего мне нравится, что вот буквально… Год от года они меняются. Это не значит, что там не было прекрасных. Там были прекрасные, замечательные ребята.

Журналист. Они меняются к лучшему?

Баталов. Они меняются, они делаются не в том смысле, что современнее, что Америка. Знаешь, там такие замечательные. Где много гостиниц, все хорошо устроены. Но вот эти люди стали интересоваться культурой сами. Не потому, что говорят: ой, придёт там Баталов, читал, говорят, Ахматову. Смотрите, совсем не потому. Но действительно (сейчас идут вступительные чтения, экзамены), другие вещи стали читать. И раньше нам нельзя было, потом всё можно, потом читали и то, и то, и то. А сейчас всё больше людей, которые читают, и это удиви-тельно. Совсем молодая девочка, она читает Цветаеву. И она знает Цветаеву, не просто так.

Журналист. То есть культурный уровень растёт?

Баталов. Но я Вам говорю, я говорю то, что я вижу своими глазами. Они больше знают, больше, чем раньше. Больше не в смысле, так сказать, понимаешь, общего, это я не берусь судить. Но они знают больше из того, что надо знать.

[해석]

기자: 올해 졸업생들에게 어떤 조언을 해 주시겠습니까? 그들은 선생님을 상당히 신뢰하고, 전반적으로...

바딸로프: 뭐, 좋습니다. 제가 조언하고 싶은 거요? 말씀드리자면. 그러니까, 그게, 신의 뜻에 따라 내가 리하쵸프를 생전에 뵀었거든요. 그러니까, 그분이 여기에 겨울 내내 계셨어요. 그게, 제가 말씀드리는 내용은 바로 그분이 하신 말씀이에요. 무슨 예술 위원회 회장인가를 맡고 계셨거든요. 하지만 그분의 목표는 도서관을 살리는 일이었어요. 그러니까 지금 ...

기자: 그분의 연세가 상당했을 때였죠?

바딸로프: 당연하죠, 완전 고령이었죠. 돌아가시기 얼마 전이었죠. 그러니까, 레닌 도서관만 하더라도 지금까지 그림으로 가려져 있고 운영이 안 되고 있죠. 레닌그라드만 하더라도 그분 뜻대로 잘 되진 않았어요. 하지만 어느 날 그분이 말씀하시길, 그러니까, 뭐라고 말씀하셨냐 하면요. "이것은 반드시 보존되어야 해. 이건 보존되어야만 한다고."라고 하셨더랬어요. 그러자 그분께 "좋아요. 보존되어야 하구 말구요. 하지만 지금은 세대가 달라서요, 우리와는 다른 이러저러한 세대가 오는데, 선생님은 보존하라고만 하시고" 요약하면 뭐 이런 이야기를 했어요. 그러자 그분 말씀이 "그런 건 중요하지 않아요! 중요한 건 로모노소프가 올 때까지 이 책이 그 자리에 놓여 있어야 한다는 것이 중요하지요." 그분 말씀이 전적으로 옳습니다!

기자: 멋지군요!

바딸로프: 정말 멋지지 않나요? 제 생각도 그렇습니다. 이 말씀이 정말이지, 전적으로 옳습니다. 아시다시피 구하는 자는 찾게 되잖아요. 그게 첫번째 이유이고요. 둘째는 사실 모든 책이 똑같을 수는 없잖아요. 러시아의 명성은 이것, 다른 것, 또 다른 것들이 모여서 만드는 것이든요. 전 세대를 통틀어 우린 힘든 시기를 겪었어요. 로모노소프 뿐만 아니라 모두 힘들었죠. 하지만 세상은 여전히 체홉에 따라 정해지고, 그의 잣대로 판단하고 있어요. '어머, 우리는 선생님을 알아요!' '체홉의 작품도 저희는 봤어요!' 똘스또이의 작품들도 여전히 다뤄지고 있지요.

> 기자: 궁금한 게 있는데요. 선생님은 요즘 젊은이들과 활발하게 만나시잖아요. 그들에게 선생님 마음에 드는 무언가가 있나요? 요즘 젊은이들에 대해 많이들 안 좋게 말하고 있다는 것도 압니다. 그래도 무언가, 그들이 가지고 있는 것들 중 선생님 마음에 드는 것이 있나요?
> 바딸로프: 사실, 솔직히 말씀드리자면, 가장 내 마음에 드는 점은, 문자 그대로... 해를 거듭할수록 그들이 변한다는 점입니다. 과거에는 멋진 젊은이들이 없었다는 의미는 아닙니다. 과거에도 멋지고 훌륭한 젊은이들이 있었지요.
> 기자: 더 좋은 쪽으로 변하고 있는 건가요?
> 바딸로프: 변하고 있는데요, 미국보다 더 현대적으로 변하고 있다는 의미는 아닙니다. 거긴 정말이지 멋지죠. 거기엔 호텔도 많고 모두 다 멋지게 지어졌죠. 아무튼 요즘 젊은이들은 스스로 문화에 관심을 갖기 시작했다는 거예요. "어머, 저기 바딸로프가 온대. 아흐마또바를 낭독했대."라고 말을 하기 때문만은 아니에요. 생각해 보세요. 제 요지는 전혀 다른 데에 있어요. 정말로 (요즘 대학들에선 낭독 시험을 포함한 입학 시험들이 치러지고 있거든요.) 다른 종류의 책들을 읽기 시작했어요. 전에는 읽어서는 안 되는 책이었는데 이후에는 허용이 되었고, 시간이 더 흐르자 사람들은 정말 다양한 책들을 읽었죠. 그런데 지금은 책을 읽는 사람의 수가 점점 더 증가한다는 것, 이 점이 놀랍습니다. 굉장히 어린 여학생이 쯔베따예바를 읽고 있더라구요. 그것도 쯔베따예바를 깊이 있게 알고 있더라구요.
> 기자: 그 말씀은 문화적 수준이 높아지고 있다는 것인가요?
> 바딸로프: 그러니까 제가 말씀드리고 싶은 건, 그러니까 제가 제 눈으로 직접 본 걸 말씀드리고 있는 겁니다. 그들은 더 많이, 그러니까, 전보다 더 많이 알고 있습니다. '더 많이'의 의미는 이를테면, 그러니까, 국민 전체를 판단한다는 의미는 아니라는 건 이해하실 겁니다. 하지만 분명한 건 그들이 알아야 할 것 이상으로 알고 있다는 것입니다.

[어휘]
застать кого(4) ~를 만나는 데 성공하다 / возглавлять кого-что(4) (기업 등)을 이끌다, 지도하다 / комитет по искусству 예술 위원회 / незадолго до чего(2) ~ 직전에 / завесить что(4) чем(5) ~를 ...로 가리다 / ищущий найдёт 구하는 자가 찾을 것이다 / составлять что(4) ~를 구성하다, 만들다 / определяться 형성되다, 좌우지되다 / там '과거'의 의미로 쓰임 / вступительное чтение (입학 시험 중 시 등의) 낭독 / и то и то и то 전부 / знать не просто так 단순하게 아는 정도가 아니다 / то есть 즉 / культурный уровень 문화 수준 / не в смысле ~라는 의미가 아니다 / браться + инф. ~하려고 하다

21. 리하쵸프는 _____을 위해 부단히 노력했다.

(А) 도서관 보존
(Б) 그림 보존
(В) 예술의 발전

[정답] A

22. 바딸로프의 말에 따르면 리하쵸프는 _____ 생각했다.

(А) 젊은이들에게는 오래된 그림들이 필요없다고
(Б) 세대별로 필요로 하는 책이 다르다고

(В) 책이 좋으면 독자가 있기 마련이라고

[정답] B

23. 기자는 _____ 생각한다.

(A) 모두 요즘 젊은이들을 좋아한다고
(Б) 요즘 젊은이들은 많은 비판을 받는다고
(В) 바딸로프는 요즘 젊은이들을 굉장히 좋아한다고

[정답] Б

24. 바딸로프의 의견에 따르면 요즘 젊은이들은 _____ .

(A) 미국 문화에 흥미를 갖고 있다
(Б) 전보다 더 교육을 잘 받았다
(В) 꼭 필요한 경우에만 책을 읽는다

[정답] Б

25. 바딸로프와 대화하는 동안 기자는 _____ .

(A) 존경심을 표하고 있다
(Б) 자주 그와 논쟁한다
(В) 그의 생각이 옳지 않다는 것을 찾아내려고 애쓴다

[정답] A

Субтест 4. ПИСЬМО (쓰기)

〈테스트 중 지켜야 할 사항〉
- 시험 시간은 55분입니다.
- 시험은 총 3개의 문제로 되어 있습니다.
- 사전을 이용할 수 있습니다.

[문제 1 유의 사항]
- 여러분의 과제는 주어진 본문을 바탕으로 추천하는 글을 쓰는 것입니다.
- 쓰여진 본문: 180 글자 이내
- 시험 시간: 20분
- 작문 분량: 50~70 단어

문제 1. 여러분이 아는 여자분이 곧 1학년에 입학할 자신의 자녀를 위해 좋은 학교를 추천해 달라고 부탁했습니다. 주어진 광고 자료를 기반으로 여러분의 생각에 그 자녀에게 가장 알맞는 학교를 추천하세요.

117번 학교는 저학년 학생들을 모집합니다. 경험 많은 교육자들, 세심하고 친절한 직원과 멋진 식당이 있습니다. 교육 프로그램은 국가표준에 준합니다.

주소: 빠우스똡스끼 거리 38번가
전화: 422-45-67

생애 처음 1학년에
진학하십니까?
1153번 학교는
어린 친구들을 기다립니다!
최고의 선생님들이
성공적인 학업을 보장합니다.
1학년 준비 과정과
일일 3회 식사가
제공됩니다.

아래 번호로 전화하세요.

701-03-60

리쩨이 «참새언덕»은 가장 오래된 교육기관 중 하나입니다. 수준 높은 교육을 통해 졸업생들은 국내 명문대학교에 입학할 수 있습니다.
심화된 외국어 학습을 합니다.
전화: 945-24-57

사립학교
«지식»

(1학년~11학년)

한 반의 최대 인원은 10명입니다. 지적 능력 및 학업 성취도의 향상과 더불어 체력을 강화합니다. 졸업생들은 모스끄바 소재 명문대학에 진학합니다.

까쓰삐스까야 거리 28번가
전화: 322-46-63

모스끄바 리쩨이
«수준»

경제대학 준비 학교입니다. 러시아 문화 및 영성에 기초한 폭넓은 인문 교육을 합니다. 1~11학년 과정입니다.

전화: 680-89-55

학교 «사상가»

제5회 모스끄바 국제 박람회 «학교-2001»의 수상 학교입니다.
1학년부터 11학년까지의 학생들을 모집합니다.
양질의 지식과 멋진 환경을 약속합니다. 편의 시설을 완비한 기숙사 제공합니다.
지하철에서 가깝습니다.

전화: 268-28-72

[예시 답안]

Привет, Лена!

Как поживаешь? Надеюсь, что у тебя все хорошо. Спасибо за письмо. Мне очень приятно, что ты обратилась ко мне за советом! Ты пишешь, что хочешь найти хорошую школу для Даши, которая в этом году идёт в первый класс. Думаю, я знаю, какая школа вам бы подошла.

Я просмотрел несколько объявлений в газете и одно объявление меня заинтересовало особенно. Я хотела бы порекомендовать тебе частную школу «Знание». Она, кстати, находится на улице Каспийской, что не очень далеко от вас, так что, когда Даша подрастёт, она сама сможет добираться до школы. Но что важнее всего – наполняемость классов всего 10 человек, а ты сама понимаешь, что современные дети требуют индивидуального подхода. Помимо всего прочего, в этой школе большое внимание уделяется не только успеваемости детей, но и укреплению здоровья учеников, что тоже немаловажно.

Я понимаю, что Даше только 7 лет и до поступления в университет ещё далеко, но мне кажется стоит задуматься об этом уже сейчас. В объявлении написано, что эта школа сотрудничает с ведущими вузами Москвы, а значит они могут гарантировать более успешное поступление. Конечно, чтобы отдать ребёнка в частную школу, нужно заплатить не мало денег, но, на мой взгляд, для ребёнка нет ничего важнее, чем хорошее образование. Но, в любом случае, окончательное решение за тобой.

Мне кажется, тебе стоит позвонить туда и узнать все более подробнее. Вот их телефон: 322-46-63.

Очень надеюсь, что эта информация была для тебя полезной. Желаю удачи в поисках хорошей школы. Передавай привет Даше и Николаю. Надеюсь, когда ты будешь не так занята, мы сможем встретиться и спокойно поговорить!

Всего доброго.
Обнимаю.

Света

[해석]

안녕! 레나!

어떻게 지내? 잘 지내리라 생각해. 편지 고마워. 나한테 네가 조언을 구해서 나는 기분이 얼마나 좋은지 몰라! 올해 1학년이 될 다샤가 다닐 학교를 찾고 싶다고 편지에 적었지. 다샤에게 적합한 학교를 내가 한 군데 아는 것 같아.

내가 신문에 실린 광고를 몇 개 봤는데, 그 중 하나에 관심이 가더라구. 《지식》이라는 사립학교를 추천하고 싶어. 마침 그 학교가 네가 사는 곳에서 멀지 않은 "까스삐스까야" 거리에 있더라구. 그러니까 다샤가 좀 더 크면 스스로 학교까지 갈 수도 있을 거야. 하지만 가장 중요한 건 한 반에 정원이 10명이라는 거야. 너도 알다시피 요즘 아이들 모두가 세심한 관심을 필요로 하잖아. 다른 여러 가지 이유들 외에도 이 학교는 아이들의 학업 뿐만 아니라 그에 못지 않게 중요한 학생들의 체력 증강에도 상당한 관심을 기울인대.

다샤의 나이가 아직 7살밖에 안 되었고 대학 입학까지는 한참 멀었지만, 나는 지금부터 미리 이것도 생각해 둘 필요가 있다고 생각해. 신문 광고에 보니까 이 학교가 모스끄바에 있는 유수의 대학교들과도 협력을 하고 있다는 거야. 그러니까 이 학교에 들어가면 좋은 대학에 들어갈 가능성이 높아진다는 뜻이잖아. 물론 사립학교에 아이를 보내려면 많은 돈이 든다는 것도 알지만, 내가 보기엔 아이에게 좋은 교육만큼 중요한 것은 없다고 생각해. 물론 결정은 네 몫이긴 하지.

내 생각엔 네가 거기에 직접 전화해서 좀 더 자세하게 물어보아야 할 것 같아. 전화번호는 322-46-63이야.

이 정보가 네게 도움이 되길 간절히 바라. 좋은 학교 찾는 데 성공하길. 다샤와 니꼴라이에게 안부 전해 줘. 네가 시간적으로 여유가 좀 생기면 만나서 차분히 얘기를 할 수 있길 바라!

[어휘]

заинтересовать кого(4) ~의 관심을 끌다 / просмотреть что(4) ~을 빨리 훑어보다 / частная школа 사립 학교 / кстати 그건 그렇고, 참 / добираться до чего(2) ~까지 도달하다 / подрасти 좀 더 크다 / наполняемость классов 학급의 정원 / индивидуальный подход 개개인에게 세심한 주의를 기울이는 것 / помимо всего прочего 다른 나머지 사항들을 제외하고서도 / успеваемость 학업성취도 / укрепление здоровья 체력 강화 / немаловажно 상당히 중요하다 / на мой взгляд 내가 보기엔 / в любом случае 어떻게 결정을 하든 상관없이 / окончательное решение 최종 결정

[문제 2 유의 사항]

- 사회적 사무적인 영역에서의 소통 상황이 제시됩니다.
- 여러분의 과제는 제시된 상황과 제시된 문제에 맞는 공적인 성격의 글을 쓰는 것입니다.
- 시험 시간: 15분
- 작문 분량: 50~70 단어

문제 2. 얼마 전 휴가 기간에 여러분이 «조지악» 회사의 서비스를 이용해서 여행을 다녀왔다고 상상해 보세요. 여행은 당신 마음에 들지 않았습니다. 불만의 원인을 명시하여 회사 사장에게 항의문을 적으세요.

[예시 답안]

Директору туристической фирмы «Зодиак»
Звездочкину Николаю Альбертовичу
от клиента Землянского Анатолия Акимовича.

Жалоба

С 18 по 25 ноября этого года я ездил в туристическую поездку в Крым по путёвке, которую я приобрёл в вашей фирме. Я остался крайне недоволен качеством работы ваших сотрудников и обслуживанием во время моего пребывания в Крыму.

Во-первых, я был размещен в 3-х звездочную гостиницу, хотя по условиям путёвки, я должен был жить в 4-х звездочной гостинице. Во-вторых, завтраки в этой гостинице не были включены в стоимость проживания, поэтому у меня возникли непредвиденные расходы.

Помимо всего прочего, туристические гиды, которых предоставляла ваша фирма, оказались совершенно непрофессиональными: мало того, что они абсолютно не обладали информацией об истории и достопримечательностях города, они просто были грубы и необходительны с туристами.

Прошу вас разобраться в сложившейся ситуации и возместить мне моральный ущерб.

28.12.2013

Землянский А.А.

[해석]

여행사 «조지악» 회사 사장
니꼴라이 알베르또비치씨 귀하
고객 제믈랸스끼 아나똘리 아끼모비치로부터

항의문

저는 11월 18일부터 25일까지 귀사의 여행 상품으로 크림 반도에 다녀왔습니다. 제가 크림 반도에 머무는 동안 귀사 직원들이 보여 준 업무의 질과 서비스에 대해 굉장한 불만을 갖게 되었습니다.

첫째, 여행 상품에 명시된 바로는 제가 4성급 호텔에 숙박을 해야 함에도 불구하고, 3성급 호텔에 머물렀습니다. 둘째, 호텔 조식이 숙박비에 포함이 안 돼 있어서 추가 비용이 발생했다는 점입니다.

다른 모든 사항들을 제외하고서도 회사에서 나온 관광 가이드의 전문성도 떨어졌습니다. 그들은 도시의 역사와 명소에 대한 정보를 전혀 갖고 있지 않았을 뿐만 아니라 관광객들을 살뜰하게 챙기지도 않고 불친절했습니다.

이 문제를 해결하시고 정신적 고통에 대해 배상해 주실 것을 부탁하는 바입니다.

[어휘]
приобрести что(4) ~을 구입하다 / обслуживание 서비스 / размещённый (호텔 등에) 숙박하다 / непредвиденные расходы 예상 밖의 지출 / непрофессиональный 전문성이 떨어지는 / мало того, что ~하는 것은 물론이고 / необходительный с кем(5) ~를 살뜰하게 챙기지 않는 / возместить ущерб 손해를 배상하다

[문제 3 유의 사항]
- 일상적인 사회생활에서의 소통 상황이 제시됩니다.
- 여러분의 과제는 제시된 상황과 제시된 문제들에 맞는 비공식적인 글을 쓰는 것입니다.
- 시험 시간: 20분
- 작문 분량: 100~150 단어

문제 3. 당신이 오래전부터 대형 출판사에서 번역가로 일을 하고 있다고 상상해 보십시오. 얼마 전 고등학교를 졸업하고 진로를 찾고 있는 당신 친구의 아들이 당신에게 번역사가 되기를 희망하는 사람에게 필요한 것이 무엇인지 이야기해 달라고 부탁했습니다.

이 편지에서 당신은 통번역사가 갖추어야 할 아래와 같은 자격 요건에 대해 써야 합니다.
— 개인적 자질 및 업무적 자격 요건
— 교육 수준
— 지적 수준
— 프로 정신
— 외국어 구사 능력
— 유사 업무 능력 및 전공 소지

[예시 답안]

Привет, Егор!

Как жизнь? Как экзамены? Надеюсь, что всё отлично. Уверен, что ты прекрасно сдашь все экзамены – я знаю, как усердно ты учился всё это время.

Твой отец сказал, что ты всё еще думаешь, кем ты хочешь стать в будущем. Что же, этот выбор ты должен сделать сам, я лишь могу рассказать тебе о профессии переводчика, и ты сам решишь, подходит она для тебя лично или нет.

Сразу скажу, что на мой взгляд, профессия переводчика одна из самых интересных, но в то же время она, пожалуй, и одна из самых трудных. И на это есть несколько причин. Во-первых, чтобы быть хорошим переводчиком, необходимо обладать целым рядом определенных личных и профессиональных качеств. Чтобы стать хорошим переводчиком, ты должен быть упорным и терпеливым – письменные переводы отнимают иногда почти всё твоё свободное время; дипломатичным и вежливым – часто переводчику приходится общаться с совершенно разными людьми, и он должен уметь находить общий язык с каждым из них.

Хороший переводчик должен постоянно учиться, я не говорю сейчас про язык, я имею ввиду, что в своей деятельности переводчику часто приходиться переводить тексты самой разной тематики и содержания, поэтому он, конечно, не должен быть специалистом во всех сферах, но должен иметь хотя бы общее представление о совершенно разных темах, владеть специальной лексикой и терминами: мне в моей практике часто приходилось работать и на медицинских конференциях, и на различного рода официальных встречах.

Помимо всего прочего, поскольку переводчик имеет дело не только с иностранным языком, но и со своим родным языком, он должен быть грамотным. Он должен не просто уметь переводить тексты, но и редактировать их, исправлять возможные ошибки, читать много литературы не только на иностранном языке, но и на родном, чтобы делать свою речь красивее и правильнее.

Как я уже сказал, переводчику приходится постоянно общаться с совершенно разными людьми, и часто представителями другой культуры, поэтому необходимо иметь достаточно глубокие представления о культуре, традициях и правилах поведения той страны, с представителями которой ему приходится работать. И, конечно, я уже не говорю о том, что, в первую очередь, профессиональный переводчик должен владеть иностранным языком на самом высоком уровне, а для этого он должен постоянно совершенствоваться: читать литературу, общаться с носителями языка, то есть ежедневно использовать язык. Всё, о чём я сказал, очень трудная работа, но, поверь мне, оно того стоит. Лично я очень горд и счастлив, что когда-то я решил стать переводчиком.

Надеюсь, что эта информация поможет тебе принять правильное решение. Впрочем, не важно, какую профессию ты выберешь, важно – чтобы твоя будущая работа доставляла тебе удовольствие.

Если вдруг у тебя возникнут ещё вопросы, пиши – я всегда буду рад помочь тебе.
Всего доброго и больших успехов тебе!

Иван Леонидович

[해석]

안녕, 예고르!
어떻게 지내? 시험은 어땠어? 잘 지내고 있길 바라. 나는 네가 요 근래에 공부를 열심히 했던 걸 알기 때문에 전 과목 시험을 모두 다 잘 봤을 거라 믿어.

너희 아버지 말씀이, 네가 장래에 뭐가 될지 아직 결정 못했다고 하시더라. 결정은 너 스스로 해야 하는 거고 내가 너한테 해 줄 수 있는 것은 통번역사란 직업에 대해 이야기해 주는 정도야. 그리고 그 직업이 너한테 맞는지 아닌지는 스스로 결정하면 되겠지. 내가 확실하게 얘기할 수 있는 건, 내 생각에 통번역사라는 직업이 가장 흥미로운 직업 중 하나이면서 동시에 가장 어려운 직업 중 하나라는 거야. 여기엔 몇 가지 이유가 있어. 첫째, 훌륭한 통번역사가 되려면 개인적으로나 업무적으로나 반드시 갖춰야 할 자질이 많단다.

훌륭한 통번역사가 되려면 너는 인내심을 갖고 열심히 공부해야 해. 왜냐하면 대부분의 여가 시간을 번역에 다 뺏길 수도 있으니까 말이야. 또 주어진 상황에서 현명하게 대처할 수 있어야 하고, 예의가 바른 사람이어야 해. 왜냐하면 통번역사는 자주 굉장히 다양한 사람들과 교제를 해야 하는 상황에 처하기 때문에 그들 모두와 공통의 관심사를 찾을 줄 알아야 한단다.

훌륭한 통번역사는 늘 공부해야 해. 비단 언어에 대한 이야기는 아니야. 실제로 통번역사는 정말 다양한 주제와 다양한 내용을 다루는 텍스트를 번역해야 하는 경우가 잦아. 따라서 모든 분야에서 전문가까지는 아니어도 적어도 대략적인 지식이나마 갖춰야 하고, 전문 분야에서 사용되는 어휘나 용어들을 알고 있어야 한다는 거야. 나만 하더라도 실제로 자주 의학회와 다양한 종류의 공식석상에서 통역을 해야 하는 경우가 있었어.

이 모든 것들 외에도 통번역사의 일은 외국어 외에도 모국어와 관련되어 있기 때문에, 통번역사는 바른 모국어를 구사해야 해. 통번역사는 그냥 단순히 번역만 할 줄 알면 되는 게 아니라, 감수도 하고 텍스트에서 틀린 부분도 바로잡아야 하기 때문에, 외국어뿐만 아니라 모국어로도 책을 많이 읽어야 해. 통역할 때 바른 말을 쓰고 미사여구를 사용하기 위함이지.

내가 이미 말했지만, 통번역사는 직업의 특성상 다른 문화권에 있는 사람들을 포함하여 다양한 사람들을 만날 수 밖에 없기 때문에 반드시 자기가 일하는 언어권 사람들의 문화, 전통, 행동 규칙에 대한 심도 있는 지식을 갖추고 있어야 한단다. 무엇보다 전문 통번역사는 최고의 외국어 실력을 갖추고 있어야 하는 것은 물론이야. 이를 위해 통번역사들은 늘 더 나은 실력을 갖추기 위해 노력해야 해. 책을 읽고 해당 언어권 원어민들과 교제하면서 매일 그 언어를 사용해야 한단다. 물론 이렇게 하는 것은 굉장히 힘들어. 하지만 이렇게 노력할 만한 가치가 충분히 있는 일인 건 확실해. 나를 믿어 봐. 나만 보더라도 통번역사가 되기로 결심했던 일로 인해 굉장히 자신감 넘치고 행복해.

위의 정보가 네가 바른 결정을 내리는 데에 도움이 되길 바라. 하지만 네가 어떤 직업을 선택할지보다는 미래의 네 직업이 만족감을 주는지가 중요한 거야.

또 다른 고민이 생기면 편지해. 늘 기꺼이 도울 준비가 돼 있으니까.

잘 지내고, 건투를 빌어!

이반 레오니도비치

[어휘]

в то же время 동시에 / иметь ввиду ~을 염두에 두다 / тематика 주제 / содержание 내용 / общее представление о чём(6) ~에 대한 대략적인 지식 / термин 전문 용어 / официальная встреча 공식적인 만남 / помимо всего прочего 나머지를 제외하고서도 / редактировать что(4) ~을 감수하다 / в первую очередь 우선적으로 / возникнуть 생기다, 발생하다

Субтест 5. ГОВОРЕНИЕ (말하기)

〈테스트 중 지켜야 할 사항〉
- 시험 시간: 50분
- 시험은 총 6문제(15개 상황)로 된 5개 부문으로 되어 있습니다.
- 모든 답변들은 녹음기에 녹음됩니다.
- 시험 중에 사전을 이용할 수 없습니다.

ЧАСТЬ I

[문제 1 (상황 1~4) 유의 사항]
- 여러분의 과제는 주어진 문제에 맞는 대화를 이어가는 것입니다.
- 시험은 사전 준비 없이 진행됩니다.
- 시험 시간: 1분 30초 이내
- 문제 제시 횟수: 1번
- 대답 준비 시간: 15초

문제 1. (상황 1~4) 당신이 남자 친구(혹은 여자 친구)와 함께 직업 선택 문제에 대해 이야기하고 있다고 상상해 보세요. 당신은 의사라는 직업이 굉장히 마음에 들지만, 당신의 남자 친구(혹은 여자 친구)는 그렇지 않습니다. 그 혹은 그녀에게 평가의 의미가 들어간 반의어로 대답하세요.

[녹음 원문 : 시험감독관 질문]

1. – В профессии врача нет ничего интересного.

2. – Больные говорят только о своих болезнях, всегда недовольны врачом.

3. – Работать врачом ещё и опасно: всегда можно чем-нибудь заразиться. Это рискованная профессия.

4. – Я уже не говорю о зарплате, заработки до неприличия низкие.

1. 의사라는 직업은 전혀 재미가 없어.

[예시 답안]
– Я с тобой совершенно не согласен. Профессия врача очень увлекательная.
  난 절대 동의할 수 없어. 의사라는 직업은 굉장히 매력적이야.

2. 환자들은 자기 질병에 대한 얘기만 하고, 항상 의사에게 불만을 갖고 있지.

[예시 답안]
– Не могу с тобой согласиться. Большинство пациентов очень благодарны врачу за его работу.
 너랑 동의할 수 없어. 대부분의 환자들은 의사에게 굉장히 감사해하는 걸.

3. 의사로 일한다는 건 또 위험하기도 해. 항상 어디든 감염될 수 있으니까. 위험한 직업이야.

[예시 답안]
– Я считаю по-другому. Современная медицина абсолютно безопасна.
 내 생각은 달라. 현대 의학은 절대적으로 안전해.

4. 급여는 말할 필요도 없어요. 말하기도 부끄러울 정도로 낮으니까.

[예시 답안]
– Ты не прав. Зарплаты хороших специалистов очень высокие.
 네 말이 틀렸어. 훌륭한 전문가들의 급여는 굉장히 높아.

[어휘]
медицина 의학 / безопасный 안전한 / зарплата 급여

[문제 2 (상황 5~8) 유의 사항]
- 당신의 과제는 주어진 상황과 제시된 의도에 맞게 상대방의 말에 대답하는 것입니다.
- 시험은 사전 준비 없이 진행됩니다.
- 문제 푸는 시간: 1분 30초
- 대답 준비 시간: 15초

문제 2. (상황 5~8) 당신은 함께 어린이 파티를 준비하고 있는 여자 친구와 대화를 하고 있습니다. 주어진 감정을 적절히 표현하여 친구의 말에 대응하세요.

[녹음 원문 : 시험감독관 질문]

5. Похвалите меня:
 – К завтрашнему празднику я приготовила 10 блюд.

6. Выскажите своё недовольство:
 – Извини, так устала. Не смогу поехать с тобой за подарками.

7. Успокойте меня:
 – Я так неловко себя чувствую. Ужасно стыдно…

> **8.** Поддержите меня:
> – Не представляю, в каком виде я буду завтра на празднике. Падаю от усталости!

5. 칭찬하세요.
[해석] 내일 있을 잔치에 대접할 요리를 내가 10가지나 준비했어.

[예시 답안]
– Вот это да! Отличная работа. Ты просто молодец. Как ты только успела всё за один день?!
대박이다! 너무 잘 했어. 넌 정말 대단해. 어떻게 하루 만에 이 모든 걸 만들었다니?

6. 불만을 표시하세요.
[해석] 미안해. 너무 피곤해서 너랑 선물 사러 같이 못 가겠어.

[예시 답안]
– Нет, это меня совсем не устраивает. Мы же заранее договорились. Я рассчитывала на твою помощь!
아니, 미안하지만, 난 이해 못 해. 우리 이미 약속 다 했잖아. 네 도움을 기대하고 있었다구.

7. 안심시키세요.
[해석] 나는 정말 너무 민망한 거 있지. 너무 창피해…

[예시 답안]
– Да, ничего страшного. Не переживай. Я уверена, что ты сама со всем справишься.
신경쓸 거 하나 없어. 걱정 마. 너 스스로 다 잘해내리라 믿어.

8. 지지하세요.
[해석] 내일 잔치에 어떤 모습을 하고 있을지 상상도 못하겠어. 피곤해서 쓰러질 지경이야!

[예시 답안]
– Всё будет отлично! Не сомневайся! Когда увидишь счастливые лица наших детей, забудешь про усталость.
다 잘될 거야! 믿어도 돼! 우리 아이들의 행복한 얼굴을 보면 피로 따윈 잊혀질 테니까.

[어휘]
устраивать кого(4) ~를 만족시키다 / заранее 미리 / рассчитывать на что(4) ~를 기대하다, 염두에 두다 / справиться с чем(5) ~를 해결하다

[문제 3 (상황 9~12) 유의 사항]

- 4개의 답변이 적힌 문제가 제시됩니다.
- 여러분의 과제는 제시된 감정 표현에 알맞은 억양을 사용하여 표현하는 것입니다.
- 시험은 사전 준비 없이 진행됩니다.
- 시험 시간: 1분 30초 이내

문제 3. (상황 9~12) 지시된 의도에 알맞은 억양을 사용하여 답하세요.

[녹음 원문 : 시험감독관 질문]

9. Вы испытываете удовольствие: … .

10. Вы раздражены: … .

11. Вам любопытно: … .

12. Вам безразлично: … .

9. 당신은 만족한 상황입니다.

— Как вкусно! Никогда такого не пробовала.
  (너무 맛있어! 이런 건 먹어본 적이 없어.)

10. 당신은 진저리가 났습니다.

— Ну что ты шумишь? Мешаешь мне слушать.
  (왜 자꾸 시끄럽게 해? 듣는 데 방해되잖아.)

11. 호기심을 표현하세요.

— Что там у тебя в сумке? Покажи мне!
  (네 가방 안에 뭐 있어? 보여줘 봐!)

12. 무심함을 표현하세요.

— Ну и что, что они не согласны? Мы и без них всё сделаем.
  (그래서 뭐? 그들이 동의하지 않는 게 어때서? 어차피 그들 없이도 다 할 텐데.)

[어휘]
шуметь 소란을 피우다

ЧАСТЬ II

[문제 4 (상황 13) 유의 사항]
• 문제 4 (상황 13)는 비디오를 보고 난 후 풀게 됩니다.
• 당신의 과제는 본 것에 대해 주어진 과제에 알맞는 자세한 이야기를 하는 것입니다.
• 문제 제시 횟수: 1번
• 시험 준비 시간: 10분
• 시험 시간: 5분 이내

문제 4. (상황 13) 영화의 한 장면을 보고, 여러분이 본 것에 대해 친구들에게 이야기하세요. 여러분의 이야기에는 다음의 묘사가 들어가야 합니다.
 а) 상황
 б) 인물
또한 여러분이 보기에 왜 그러한 상황이 왜 발생했는지 설명하세요.

[예시 답안]

За столом сидят молодая женщина и молодой мужчина. Раздаётся звонок в дверь. Молодая женщина говорит, что это пришёл Ипполит. Но когда она открывает дверь, в квартиру с радостными криками вбегают две молодые женщины. Они целуют хозяйку квартиры, поздравляют её с Новым годом.

Гости раздеваются. Одна из них просит познакомить их с молодым мужчиной. Хозяйка приглашает их в комнату.

В комнате за столом сидит и ест молодой человек. Пока гости знакомятся с мужчиной, хозяйка квартиры убирает фотографию какого-то мужчины.

Гости называют мужчину Ипполитом и рассказывают, что они ближайшие подруги Нади - хозяйки квартиры и работают с ней в одной школе. Они начинают хвалить Надю, говорят, что она замечательный человек, что её все любят.

Молодой человек отвечает, что он не Ипполит. В это время Надя бьёт его по спине, подавая какой-то знак, и приглашает подруг к столу. Молодой человек продолжает утверждать, что он не знаком с Надеждой, и спрашивает, как её отчество. Подруги думают, что он шутит, и смеются.

Молодой человек открывает бутылку и разливает шампанское. Одна из подруг предлагает тост за семейное счастье Нади и Ипполита, но молодой человек отказывается пить, уверяя, что он не Ипполит.

Надя заставляет его выпить шампанское.

Подруги кричат: «Горько! Горько!»

Молодой человек сердится и говорит, что не хочет целоваться. Надя подходит к нему и целует. Но мужчина опять говорит, что он не Ипполит.

Почему возникла такая ситуация? Вероятно, подруги Нади знали, что у неё есть друг, которого зовут Ипполит, но не были с ним знакомы. Мужчина, которого они увидели в квартире Нади, действительно не Ипполит. Может быть, это был новый друг Нади, но она почему-то не хотела рассказывать о нём своим подругам, поэтому не объяснила им, что они ошиблись.

[해석]

　식탁에 한 젊은 여자와 젊은 남자가 앉아 있다. 현관 벨 소리가 들린다. 젊은 여자는 이뽈릿이 온 것이라고 말한다. 하지만 그녀가 문을 열자, 아파트에는 기쁨의 탄성을 지르며 젊은 여자 둘이 뛰어 들어온다. 그들은 집주인 여자에게 뽀뽀하며 새해 인사를 한다.

　손님들이 옷을 벗는다. 그들 중 한 명이 젊은 남자와 자기들을 인사시켜 달라고 부탁한다. 집주인인 여자는 그들을 방으로 불러들인다.

　방에는 젊은 남자가 식탁에 앉아서 식사를 하고 있다. 손님들이 남자와 인사를 하는 동안 집 주인 여자는 어떤 남자의 사진을 치운다.

　손님들은 남자를 이뽈릿이라 부르며 자신들이 집주인인 나쟈와 절친한 사이이며 같은 학교에서 근무를 하고 있다고 이야기한다. 그들은 나쟈가 멋진 사람이며 모두들 그녀를 좋아한다며 나쟈를 칭찬하기 시작한다.

　젊은 남자가 자신은 이뽈릿이 아니라고 대답한다. 이때 나쟈는 어떤 신호를 주면서 그의 등을 때리는 한편 친구들을 식탁으로 불러들인다. 젊은 남자는 계속해서 자신은 나제쥐다와 모르는 사이라고 말하면서 그녀의 부칭을 묻는다. 친구들은 그가 농담을 하고 있다고 여기며 웃는다.

　젊은 남자는 샴페인 병을 따서 따른다. 친구들 중 한 명이 나쟈와 이뽈릿이 이룰 가족의 행복을 위해 건배하자고 제안하지만, 젊은 남자는 자신은 이뽈릿이 아니라고 강조하며 마시기를 거부한다.

　나쟈는 그에게 강제로 샴페인을 마시게 한다.

　여자친구들은 소리지른다. «진하게! 진하게!»

　젊은 남자는 화를 내며 키스하고 싶지 않다고 말한다. 나쟈가 그에게 다가와서 키스한다. 하지만 남자는 또다시 자신은 이뽈릿이 아니라고 말한다.

　왜 이런 상황이 발생했을까? 아마도 나쟈의 여자친구들은 그녀에게 이뽈릿이라는 이름의 남자친구가 있다는 것을 알고 있었지만, 실제로 만난 적은 없는 것 같다. 그들이 아파트에서 본 남자는 실제로 이뽈릿이 아니다. 어쩌면 이 사람은 나쟈의 새로운 남자친구일지도 모른다. 하지만, 그녀는 왠일인지 자신의 친구들에게 그에 대해 이야기하길 싫어한다. 그래서 그녀는 그들이 잘못 알고 있다고 설명하지 않았다.

[어휘]
высказать предположение 추측한 것을 이야기하다 / возникнуть 발생하다 / вероятно ~인 것처럼 보이다 / может быть 어쩌면 (...일 지도 모른다)

[문제 5 (상황 14) 유의 사항]
- 여러분은 대화의 주도자입니다. 여러분의 과제는 제시된 의도에 맞게 대화 상대방에게 자세히 물어보는 것입니다.

- 시험 준비 시간: 3분
- 시험 시간: 5분 이내

문제 5. (상황 14) 당신은 신문에 있는 다음의 광고를 읽었습니다.

춤을 추세요! 그리고 젊어지세요!

아르헨티나 탱고는 모든 연령대의 사람들이 명석함을 유지하고 몸의 근육들이 조화롭게 움직일 수 있도록 하는 이상적인 방법입니다. 여러분을 댄스 스튜디오에 초대합니다!

경험 많은 전문가들이 수업을 합니다. 우리 스튜디오는 레닌스끼 대로 68번가에 위치하고 있습니다.

다음 전화 번호로 전화하세요. 938-70-27

당신은 이 광고에 관심을 갖게 되었습니다. 제시된 전화번호로 전화를 걸어 당신이 이 회사에 가 볼 만한지 여부를 결정하기 위해 가능한 한 자세하게 모든 것에 대해서 물어보세요.

[예시 답안]

— Алло, здравствуйте. Это танцевальная студия?

— Я прочитал в газете ваше объявление. Оно заинтересовало меня: я давно хотел научиться танцевать танго. Но у меня есть несколько вопросов.

— У вас есть группы для начинающих? Дело в том, что у меня нет никакой танцевальной подготовки. Я совсем не умею танцевать.

— А в какое время и как часто проводятся занятия? А, может быть, у вас есть группы рано утром? Мне было бы удобно заниматься перед работой.

— В объявлении написано, что ваши преподаватели опытные специалисты А вы не могли бы рассказать немного подробнее, может быть, где они обучались, как долго работают и т.д.?

— А еще у меня вопрос по поводу формы: нужно покупать какую-нибудь специальную одежду или обувь для занятий?

— Ну, и, пожалуй главный вопрос: сколько стоят занятия в вашей студии?

— А, может быть, есть какие-то скидки?

— Ну, думаю, что мне всё понятно. Большое спасибо за информацию и за то, что уделили мне время. Я думаю, что обязательно приду к вам заниматься. Ещё раз спасибо. До свидания.

[해석]

— 여보세요. 거기 댄스 스튜디오인가요?

— 신문에서 광고를 봤거든요. 제가 좀 궁금해서요. 오래전부터 탱고를 배우고 싶었거든요. 저 질문 몇 가지만 할게요.

— 초급반이 개설돼 있나요? 제가 중급반이나 그 이상 반을 다니기엔 준비가 전혀 안 돼 있어요. 춤을 전혀 못 춰요.

— 수업은 언제 있고, 주 몇 회인가요? 혹시 아침 일찍 하는 반이 있나요? 직장 가기 전에 들렀다 가는 것이 편해서요.

— 광고에 보니까 강사분들이 경험이 많으시다고 적혀 있는데요. 좀 더 자세히 그분들 소개를 해 주실 수 있나요? 어디서 공부하셨고 근무 기간은 얼마나 되는지 등이 궁금합니다.

— 의상에 대해서도 궁금한 점이 있어요. 수업을 들으려면 댄스복이나 슈즈를 따로 구입을 해야 하나요?

- 가장 중요한 질문을 할게요. 수강료는 어떻게 되나요?
- 할인을 해 주시기도 하나요?
- 음, 다 이해한 것 같아요. 알려 주셔서 감사하고, 시간 내 주셔서 감사합니다. 꼭 배우러 가도록 하겠습니다. 다시 한번 감사드려요. 안녕히 계세요.

[어휘]
объявление (신문 등의) 광고 / танго 탱고 / скидки 할인 / уделить кому(3) (время) ~에게 (시간을) 할애하다

[문제 6 (상황 15) 유의 사항]
- 여러분은 정해진 문제의 논의에 참여해야 합니다.
- 여러분의 대화 상대는 시험 감독관입니다.
- 여러분의 과제는 대화가 진행되는 동안 시험감독관의 말에 적절히 대응하면서 주어진 문제에 대한 자신의 견해를 피력하고 주장하는 것입니다.
- 시험은 사전 준비 없이 진행됩니다.
- 시험 시간: 10분

문제 6. (상황 15) 시험 감독관에 의해 제시된 주제에 따라 대화에 참여하세요.

논의 중에 여러분이 해야할 것은:
- 자신의 의견을 말하기, 자신의 의견을 정확하게 하기
- 견해를 증명하기
- 예를 들기
- 비교하기
- 가정하기
- 결론을 도출하기

[예시 질문 및 예시 답안]

— Сейчас многие учёные говорят о возможном недостатке продовольствия в будущем. Что вы думаете об этой проблеме?
— Я думаю, что и в самом деле эта проблема становится всё более актуальной с каждым годом. Даже уже сейчас в некоторых странах люди умирают от нехватки воды и пищи. И если подобная тенденция сохраниться, то это может привести к очень печальным последствиям.
— Что вы имеете ввиду, когда говорите «печальные последствия»?
— Я имею в виду, что нехватка продовольствия может привести не только к увеличению смертности среди населения в различных странах, но и вследствие этого могут возникнуть различные конфликты или даже войны. А если просто увеличить производство продуктов, то это может привести к ухудшению экологической ситуации.
— А каким образом это может повлиять на экологию?

— Если человек захочет выращивать больше растений, таких как рис, хлеб, картофель, овощи или фрукты, то ему придётся использовать ещё большее количество плодородной земли. Со временем эта земля может истощиться и стать непригодной. Или чтобы получить новые земли для сельского хозяйства, человек может уничтожать лес, а это может привести к появлению новых пустынь и возникновению проблем с водой.

— Вы говорили о том, что уже сейчас в некоторых странах люди страдают от недостатка продовольствия. Вы можете привести примеры таких стран?

— Да, конечно. Я думаю, самый очевидный пример – это разные страны в Африке. Мы особенно хорошо знаем об этом здесь в Корее, потому что различные благотворительные организации постоянно проводят различные акции по сбору денег, чтобы помочь голодающим детям в Африке, или оказывают помощь регионам, которые испытывают проблемы с питьевой водой.

— А почему, по вашему мнению, такая ситуация сложилась в Африке?

— Ну, во-первых, одна из главных причин в климатических и природных условиях этого континента. Постоянная жара и засуха, очень маленькое количество плодородных земель. Недостаток воды не только для людей, но и тем более для сельского хозяйства. Ну, и, конечно, мы хорошо знаем, что в современном мире высокую эффективность сельскому хозяйству дают развитые технологии, различные инструменты и техника, а Африка, к сожалению, пока остаётся одним из самых отсталых регионов мира с высоким уровнем неграмотности населения.

— То есть вы думаете, что недостаток продовольствия – это, в основном, проблема неразвитых стран.

— Не на 100 процентов, но в большей степени да. Неразвитость экономики приводит к неразвитости технологий, а это в свою очередь сильно влияет на производство продовольствия.

— А как вам кажется, сможет ли всё-таки человечество справиться с этой проблемой?

— Думаю, что полностью, к сожалению, эту проблему решить не удастся никогда. Как известно, население земли постоянно растёт, и, значит, будет требоваться всё больше и больше продовольствия. Причем, экологическая ситуация ухудшается, и это тоже влияет на производство продуктов питания. Хотя, возможно, в будущем учёные смогут найти какие-то революционные методы, которые помогут улучшить ситуацию.

— Предположите, какие, например, это могут методы?

— Сложно сказать, потому что я имею в виду, какие-то абсолютно новые, сейчас неизвестные методы. Может быть, учёные смогут получать урожай несколько раз в год с одного участка земли или придумают очень эффективный способ очистки воды.

— То есть вы думаете, что решение этой проблемы зависит от учёных?

— По большому счету, да, но я думаю, что каждый из нас должен задуматься об этом уже сейчас. Возможно, люди должны стать немного скромнее в еде, и тогда её хватит всем.

[해석]

— 요즘 많은 학자들은 미래에 식량이 모자랄 것이라고들 주장합니다. 이 문제에 대해서 어떻게 생각하시나요?

— 저는 이 문제가 사실상 해를 거듭함에 따라 점점 더 중요해질 것이라고 생각합니다. 지금도 심지어는 일부 나라들에서 사람들이 물과 식량이 모자라서 죽어가고 있으니까요. 만약 이대로 간다면 굉장히 슬픈 결과를 초래할지도 모릅니다.

— «слпросad»라는 표현은 어떤 뜻으로 쓴 건가요?

− 식량 부족은 여러 나라에서 사망률을 증가시킬 수 있을 뿐만 아니라, 그 결과로 다양한 충돌과 심지어 전쟁을 일으킬 수 있다는 뜻이었습니다. 만약 식량 생산량을 늘리더라도 이것은 환경을 오염시킬 수 있으니까요.

− 이것이 어떤 식으로 환경에 영향을 줄 수 있나요?

− 만약 사람이 쌀, 밀, 감자, 야채나 과일 등과 같은 식물을 더 많이 키우려고 할 경우 비옥한 땅의 면적을 더 늘려야 할 것입니다. 시간이 지남에 따라 이 땅은 고갈이 될 것이며 못쓰는 땅이 늘어날 것입니다. 혹은 농사를 짓기 위한 새로운 땅을 구하기 위해서 사람은 숲을 제거해야 할 수도 있습니다. 그렇게 되면 사막이 형성될 것이고, 따라서 물 부족을 초래할 수 있지요.

− 당신은 현재도 이미 일부 나라에서 사람들이 식량 부족 문제로 힘들어하고 있다고 하셨는데요. 그런 나라들의 예를 들어줄 수 있을까요?

− 네, 물론이지요. 제 생각엔, 가장 눈에 띄는 예는 아프리카에 있는 나라들입니다. 우리는 여기 한국에서 특히 이런 상황을 잘 알고 있습니다. 왜냐하면 다양한 민간단체들이 아프리카에 있는 굶주린 아이들이나 식수 부족에 시달리는 지역들에 도움을 주기 위해 늘 다양한 형태로 모금하고 있으니까요.

− 왜 하필 아프리카에 그런 상황이 발생한 걸까요?

− 음, 첫째, 이 대륙의 기후나 자연환경이 가장 중요한 요인 중 하나입니다. 4계절 모두 덥고, 가뭄이 끊이질 않으며, 경작을 할 수 있는 땅의 면적이 굉장히 작다는 것이 문제입니다. 식수의 부족은 비단 사람들에게만 힘든 건 아닙니다. 농사를 짓는 데는 특히 더 심각한 문제이지요. 물론, 현대 사회에서는 기술이 발달해서 농업 생산성이 높다는 것을 알고 있습니다. 다양한 기구들과 전자 제품들도 있지요. 하지만 아프리카의 경우는 유감스럽게도 아직도 지구상 문맹률이 가장 높은 지역 중 한 곳입니다.

− 그러니까 당신은 식량 부족은 주로 후진국에서 발생한다고 생각하는 거죠?

− 100%까지는 아니지만 대체로 그렇다고 봅니다. 경제의 후진성이 기술의 후진성으로 이어지고, 이는 식량 생산에도 큰 영향을 끼칩니다.

− 인류가 이 문제를 해결할 수 있다고 보십니까?

− 유감스럽게도 이 문제를 완전히 해결하는 것은 절대 힘들다고 봅니다. 아시다시피 지구의 인구는 계속해서 늘어나고 있고, 식량도 점점 더 많이 필요하게 될 것입니다. 게다가 환경의 상황은 악화되고 있고 이는 식량 생산에도 영향을 끼치게 됩니다. 물론 미래에는 학자들이 상황을 호전시킬 수 있는 혁신적인 방법들을 고안해 낼 수도 있습니다.

− 가령 어떤 방법들이 있을까요?

− 어려운 질문인데요, 왜냐하면 제가 말씀드린 방법이란 것이 절대적으로 새로운, 지금은 사람들이 모르는 방법일 테니까요. 어쩌면 학자들이 한 경작지에서 일 년에 다작을 할 수 있는 방법이나 물을 정화하는 효과적인 방법을 고안해 낼 수도 있겠지요.

− 그러니까 당신은 이 문제의 해결이 학자들에게 달려있다고 보시는군요?

− 그렇다고 볼 수 있죠. 하지만 제 생각에 우리 모두가 이 문제를 지금부터 생각해야 한다고 봅니다. 사람들이 조금씩만 덜 먹으면 모두 먹을 양이 될 수도 있을 테니까요.

Типовой тест по русскому языку как иностранному • II

СУБТЕСТ 1. ЛЕКСИКА.ГРАММАТИКА
РАБОЧАЯ МАТРИЦА

Имя, фамилия_____ **Страна**_____ **Дата** _____

МАКСИМАЛЬНОЕ КОЛИЧЕСТВО БАЛЛОВ ЗА ТЕСТ — 150

№	А	Б	В	Г		№	А	Б	В	Г
1	А	Б	В	Г		26	А	Б	В	Г
2	А	Б	В	Г		27	А	Б	В	Г
3	А	Б	В	Г		28	А	Б	В	Г
4	А	Б	В	Г		29	А	Б	В	Г
5	А	Б	В	Г		30	А	Б	В	Г
6	А	Б	В	Г		31	А	Б	В	Г
7	А	Б	В	Г		32	А	Б	В	Г
8	А	Б	В	Г		33	А	Б	В	Г
9	А	Б	В	Г		34	А	Б	В	Г
10	А	Б	В	Г		35	А	Б	В	Г
11	А	Б	В	Г		36	А	Б	В	Г
12	А	Б	В	Г		37	А	Б	В	Г
13	А	Б	В	Г		38	А	Б	В	Г
14	А	Б	В	Г		39	А	Б	В	Г
15	А	Б	В	Г		40	А	Б	В	Г
16	А	Б	В	Г		41	А	Б	В	Г
17	А	Б	В	Г		42	А	Б	В	Г
18	А	Б	В	Г		43	А	Б	В	Г
19	А	Б	В	Г		44	А	Б	В	Г
20	А	Б	В	Г		45	А	Б	В	Г
21	А	Б	В	Г		46	А	Б	В	Г
22	А	Б	В	Г		47	А	Б	В	Г
23	А	Б	В	Г		48	А	Б	В	Г
24	А	Б	В	Г		49	А	Б	В	Г
25	А	Б	В	Г		50	А	Б	В	Г

답안지

51	А	Б	В	Г
52	А	Б	В	Г
53	А	Б	В	Г
54	А	Б	В	Г
55	А	Б	В	Г
56	А	Б	В	Г
57	А	Б	В	Г
58	А	Б	В	Г
59	А	Б	В	Г
60	А	Б	В	Г
61	А	Б	В	Г
62	А	Б	В	Г
63	А	Б	В	Г
64	А	Б	В	Г
65	А	Б	В	Г
66	А	Б	В	Г
67	А	Б	В	Г
68	А	Б	В	Г
69	А	Б	В	Г
70	А	Б	В	Г
71	А	Б	В	Г
72	А	Б	В	Г
73	А	Б	В	Г
74	А	Б	В	Г
75	А	Б	В	Г

76	А	Б	В	Г
77	А	Б	В	Г
78	А	Б	В	Г
79	А	Б		
80	А	Б		
81	А	Б		
82	А	Б		
83	А	Б		
84	А	Б		
85	А	Б		
86	А	Б		
87	А	Б		
88	А	Б		
89	А	Б		
90	А	Б		
91	А	Б		
92	А	Б	В	Г
93	А	Б	В	Г
94	А	Б	В	Г
95	А	Б	В	Г
96	А	Б	В	Г
97	А	Б	В	Г
98	А	Б	В	Г
99	А	Б	В	Г
100	А	Б	В	Г

№	A	Б	В	Г
101	А	Б	В	Г
102	А	Б	В	Г
103	А	Б	В	Г
104	А	Б		
105	А	Б		
106	А	Б	В	Г
107	А	Б	В	Г
108	А	Б	В	Г
109	А	Б	В	Г
110	А	Б	В	Г
111	А	Б	В	Г
112	А	Б	В	Г
113	А	Б	В	Г
114	А	Б	В	Г
115	А	Б	В	Г
116	А	Б	В	Г
117	А	Б	В	Г
118	А	Б	В	Г
119	А	Б	В	Г
120	А	Б	В	Г
121	А	Б	В	Г
122	А	Б	В	Г
123	А	Б	В	Г
124	А	Б	В	Г
125	А	Б	В	Г

№	A	Б	В	Г
126	А	Б	В	Г
127	А	Б	В	Г
128	А	Б	В	Г
129	А	Б	В	Г
130	А	Б	В	Г
131	А	Б	В	Г
132	А	Б	В	Г
133	А	Б	В	Г
134	А	Б	В	Г
135	А	Б	В	Г
136	А	Б	В	Г
137	А	Б	В	Г
138	А	Б	В	Г
139	А	Б	В	Г
140	А	Б	В	Г
141	А	Б	В	Г
142	А	Б	В	Г
143	А	Б	В	Г
144	А	Б	В	Г
145	А	Б	В	Г
146	А	Б	В	Г
147	А	Б	В	Г
148	А	Б	В	Г
149	А	Б	В	Г
150	А	Б	В	Г

Типовой тест по русскому языку как иностранному • II

СУБТЕСТ 2. ЧТЕНИЕ
РАБОЧАЯ МАТРИЦА

Имя, фамилия_____ Страна_____ Дата _____

МАКСИМАЛЬНОЕ КОЛИЧЕСТВО БАЛЛОВ ЗА ТЕСТ — 150

1	А	Б	В
2	А	Б	В
3	А	Б	В
4	А	Б	В
5	А	Б	В
6	А	Б	В
7	А	Б	В
8	А	Б	В
9	А	Б	В
10	А	Б	В
11	А	Б	В
12	А	Б	В
13	А	Б	В
14	А	Б	В
15	А	Б	В
16	А	Б	В
17	А	Б	В
18	А	Б	В
19	А	Б	В
20	А	Б	В
21	А	Б	В
22	А	Б	В
23	А	Б	В
24	А	Б	В
25	А	Б	В

Типовой тест по русскому языку как иностранному • II

СУБТЕСТ 3. АУДИРОВАНИЕ
РАБОЧАЯ МАТРИЦА

Имя, фамилия_____ Страна_____ Дата _____

МАКСИМАЛЬНОЕ КОЛИЧЕСТВО БАЛЛОВ ЗА ТЕСТ — 150

1	А	Б	В
2	А	Б	В
3	А	Б	В
4	А	Б	В
5	А	Б	В
6	А	Б	В
7	А	Б	В
8	А	Б	В
9	А	Б	В
10	А	Б	В
11	А	Б	В
12	А	Б	В
13	А	Б	В
14	А	Б	В
15	А	Б	В
16	А	Б	В
17	А	Б	В
18	А	Б	В
19	А	Б	В
20	А	Б	В
21	А	Б	В
22	А	Б	В
23	А	Б	В
24	А	Б	В
25	А	Б	В

ДЛЯ ЗАМЕТОК

ДЛЯ ЗАМЕТОК

러시아어 단계별 종합 교재 시리즈

러시아로 가는 길 시리즈 (청취 CD별매)
단계별 시리즈: 1단계, 2단계, 3단계, 4단계

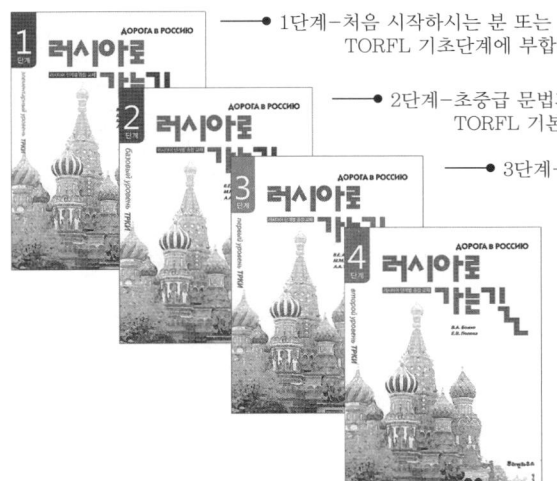

- 1단계-처음 시작하시는 분 또는 기초 문법과 표현 정리가 안되시는 분
  TORFL 기초단계에 부합하는 영역들로 구성
- 2단계-초중급 문법과 어휘력 향상이 필요하신 분
  TORFL 기본단계에 부합하는 영역들로 구성
- 3단계-1년 이상 배우신 분, 기본적인 원서 독해가 가능하신 분
  TORFL 1단계에 부합하는 영역들로 구성
- 4단계-중고급 문법과 어휘력 향상이 필요하신 분
  TORFL 2단계에 부합하는 영역들로 구성

문법과 회화를 동시에 습득할 수 있는 단계별 종합 교재로 '러시아어 능력 인증시험 토르플(TORFL)'의 시험 단계인 문법, 회화, 읽기, 쓰기의 다양한 영역을 준비할 수 있습니다.

러시아어 인텐시브 회화 시리즈 (청취 CD포함)
단계별 시리즈: 1단계, 2단계, 3단계, 4단계

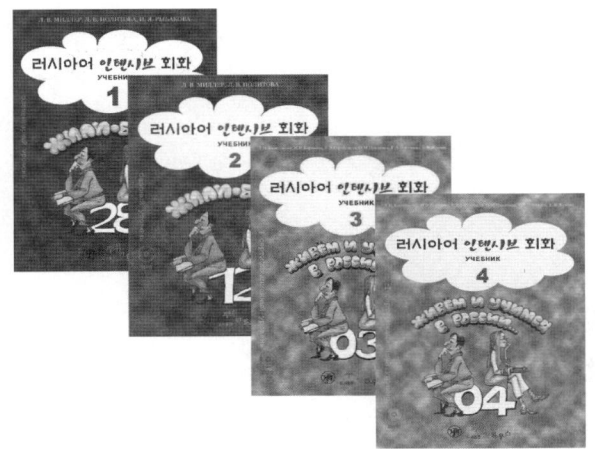

 인텐시브 회화 1단계, 2단계는 오디오 자료를 뿌쉬낀하우스 홈페이지, 출판센터 자료실에서 다운로드할 수 있습니다.
3단계, 4단계 도서에는 CD가 포함되어 있습니다.

단계별로 구성되어 있는 회화 교재를 통해 다양한 표현들을 익혀 창조적인 의사소통이 가능하도록 도와줍니다. 다양한 주제와 문화에 관한 텍스트를 통해 러시아 문화에 대한 이해의 폭을 넓히고, 동시에 실생활에서 사용되는 러시아어의 여러 문제를 익힐 수 있습니다.